좌충우돌

스 타 트 업
창업 멘토링

좌충우돌 스타트업 창업 멘토링

발행일	2018년 9월 28일

지은이	이 철 우		
펴낸이	손 형 국		
펴낸곳	(주)북랩		
편집인	선일영	편집	오경진, 권혁신, 최예은, 최승헌, 김경무
디자인	이현수, 김민하, 한수희, 김윤주, 허지혜	제작	박기성, 황동현, 구성우, 정성배
마케팅	김회란, 박진관, 조하라		
출판등록	2004. 12. 1(제2012-000051호)		
주소	서울시 금천구 가산디지털 1로 168, 우림라이온스밸리 B동 B113, 114호		
홈페이지	www.book.co.kr		
전화번호	(02)2026-5777	팩스	(02)2026-5747

ISBN   979-11-6299-331-6 13320 (종이책) 979-11-6299-332-3 15320 (전자책)

이 도서의 국립중앙도서관 출판예정도서목록(CIP)은 서지정보유통지원시스템 홈페이지(http://seoji.nl.go.kr)와 국가자료공동목록시스템(http://www.nl.go.kr/kolisnet)에서 이용하실 수 있습니다.
(CIP제어번호 : CIP2018029796)

좌충우돌

STARTUP

스타트업
창업 멘토링

이철우 지음

제4차 산업 시대의 경영 컨설팅 2019

북랩 book Lab

　기후변화로 인해 올 한해도 매우 뜨겁습니다. 이에 못지않게 뜨거운 곳이 있습니다. 정부 및 지방자치단체의 창업 및 산업진흥원에서 운영하는 창업 지원 프로그램 현장입니다. 온 나라가 창업을 권장하고 지원하고 있습니다. 더불어 창업 컨설팅(Consulting), 창업 멘토링(Mentoring), 액셀러레이팅(Accelerating), 패실리테이팅(Facilitating) 등 창업 기업을 육성하기 위한 각종 지원프로그램이 활발하게 가동되고 있습니다. 저는 현재 공덕동 소재 S창업 허브에서 창업 상담을 시작하여 예비 창업자 및 창업 기업의 애환을 함께 나누고 있습니다. 공공기관에서 근무하면서 느꼈던 자부심과 보람도 컸지만, 지금 이곳 S창업 허브에서 창업 중소기업과 함께 하는 것 또한 큰 보람으로 느껴집니다.

　창업 상담을 받는 창업 기업(예비 창업자 포함)의 상당수는 자금 조달에 관한 애로사항을 상담합니다. 사실 창업 기업은 자기자본만으로 회사를 운영하기가 쉽지 않습니다. 그 때문에 금융기관을 통한 대출이나 투자유치를 주로 추진하는데, 이 또한 쉽지 않은 작업입니다. 특히 창업 기업은 스타트업 초기 단계에서 매출액도 미진할뿐더러 신용상태도 불안정합니다. 금융기관은 보증기관의 신용보증서를 담보로 대출을 취급하고자 합니다. 보증기관의 보증지원 한도는 매출액 등 신용상태와 연동되는데, 창업 기업이 기대하는 보증 가능 금액에 크게 못 미치는 경우가 있습니다.

창업 상담을 받고자 하는 창업 기업은 자금 조달 외에도 다양한 이슈들을 가지고 있습니다. 업종도 다양할뿐더러 요즘은 한국계 외국인도 법인기업을 설립하여 창업의 열기를 더욱 뜨겁게 만들고 있습니다. 또한 정년퇴직을 했거나, 정년을 앞둔 중장년의 창업 열기도 만만치 않습니다. 이들은 과거 경력을 바탕으로 지식과 경험을 살려 창업을 준비하거나, 창업을 이미 실행하고 있습니다. 하지만 창업자가 되는 순간 너무나 많은 일들이 기다리고 있습니다. 마땅히 종업원도 없는 상태에서 수십 가지의 창업 및 경영과 관련된 사항을 처리해야 합니다. 이들과 대화하고 애환을 나눈 것을 각색하여 책으로 담았습니다. 사례별로 다소 유사한 내용이 반복되는 경우도 있습니다만, 창업을 준비하는 대한민국 예비 창업자들에게 이 책이 다소나마 도움이 될 것으로 기대합니다.

2018년 여름에

이철우

창업 멘토링이란?

지식과 경험이 풍부한 멘토가

멘티의 사업에 대하여

객관적이고 균형 잡힌 대화를 통해

기업의 성장을 지원하는 과정이다.

CONTENTS ··

경영 관리 및 전략

chapter 5

정책자금 조달

chapter 6

제4차
산업 기술 창업

제4차 산업 기술 창업은 전체 상담 중에서 직간접적으로 70% 정도를 차지하고 있습니다. 제4차 산업, 특히 ICT(Information and Communication Technology, 정보통신기술) 관련 창업은 청년 창업자들이 많이 추진하고 있습니다. 제4차 산업 창업은 클라우드(Cloud) 컴퓨팅, 빅 데이터(Big Data) 분석을 기본 바탕으로 하고, 사물인터넷(IoT, Internet of Things), 위치기반 서비스, 드론(Drone), 인공지능(AI, Artificial Intelligence), 블록체인(Block Chain) 등 다양한 기술요소들을 활용합니다. 매우 바람직한 청년 창업의 한 형태라고 봅니다. 다만 제4차 산업의 원천기술에 도전하는 것은 다소 어려울 수 있어, 대부분 플랫폼 형태로 제공되는 원천기술을 활용하여 응용기술을 개발하는 것을 창업의 주제로 삼고 있습니다.

    제4차 산업과 관련하여, 창업 초기에는 비즈니스 모델 설정이 다소 불확실한 경우가 많습니다. 기술적 실현 가능성에 치중하다 보니, 정작 수익을 창출하는 비즈니스 모델에 대한 검토와 대안이 부족합니다. 이런 경우는 정부 등에서 추진하는 R&D(Research and Development) 사업에 참여하고, 기술을 축적하는 것을 우선적으로 권합니다. 축적된 기술이 추후 상용화되면 큰 성과를 얻을 것이고, 이렇게 축적된 기술들은 후순위 창업자들에게 큰 도움이 될 것으로 기대합니다.

01

start up

·· 사물인터넷 응용

상담 내용

귀사는 기계장치 등을 설치하는 창업 초기 기업으로 경영전략 및 운전자금 조달에 대해 상담하였습니다. 귀사는 현재 비즈니스 모델을 개선하여 부가가치를 높이는 방안을 연구하고 있습니다. 상담을 진행한 결과 귀사는 현재 미래의 도약을 위한 갈림길에 서 있다는 것을 많이 느꼈습니다. 상담한 내용을 정리해 보면 다음과 같습니다.

귀사는 기계장치를 단순 설치하는 영역에서 벗어나, 설계 및 설치, 유지보수 등 관련 서비스를 총체적으로 제공하는 토탈서비스를 제공하는 전문 업체로 도약하고자 구상하고 있습니다. 귀사가 구상하는 비즈니스 모델은 제4차 산업에 매우 적합한 측면을 가지고 있습니다. 기계시설에 내장된 센서를 통해 오염도 등을 측정하고, 이를 디지털화하여 데이터를 축적하고 축적된 자료를 분석하여 적절한 대응전략을 사전에 강구합니다. 이는 바로 사물인터넷(IoT, Internet of Things) 분야이며, 빅 데이터(Big Data) 분야입니다. 사물인터넷의 핵심

요소는 사물의 센싱, 네트워크 처리, 서비스 제공이라고 볼 수 있습니다. 센싱은 위치, 모션, 온도, 습도, 열, 조도 등 다양하며, 네트워크는 WPAN, WiFi, 4G LTE, BcN, Ethernet 등이 있습니다. 서비스 제공을 위해서는 스마트폰, 태블릿 PC, PC 등이 있으며, 서비스는 검색, 가공, 추출, 인식 등의 처리를 통해 제공됩니다.

오염도 등 사물인터넷으로 인식하여 축적한 빅 데이터를 활용할 경우 예방적(Preventive) 조치에서 예지적(Predictive) 조치로 비즈니스 모델을 개선할 수 있습니다. 즉, 귀사가 구상하는 토탈서비스를 이행할 수 있는 것입니다. 기계시설에서 오염도 등을 측정하는 기술은 L전자 등 생산업체에서 이미 가지고 있으므로, 이 자료를 받아 활용할 수 있도록 대·중·소 기업의 상생프로그램을 통해 협조를 받는 방안을 연구해야겠습니다. 이러한 비즈니스 모델 개선은 귀사가 기계시설을 다루는 하드웨어 기업이 아니라, ICT를 중심으로 한 전문서비스 기업으로 도약할 수 있는 기반을 제공할 것으로 기대합니다.

다음은 운전자금 조달에 관해서 설명해 드리겠습니다. 보증기관 등 정책수행기관을 통해 보증부 대출을 받고자 할 경우, 단순 도소매업보다 제조업 또는 지식서비스업이 우대를 받는 경향이 있습니다. 또한 개별 업체의 신용등급을 감안하여 보증지원 금액이 결정됩니다. 귀사는 매출액 17억 원을 계상했으므로 3억 원 이내에서 보증 상담하는 것이 적합할 것 같습니다. 이때 귀사는 신용도 취약사항이 없도록 사전에 조치해야 합니다. 즉, 금융기관 원리금 연체, 공과금 미납, 소유 거주 주택의 권리침해사항 등이 없어야 보증 상담이 가능합니다.

기타 의견

귀사와의 상담은 사실 매우 흥미진진하면서 미래 도약을 위해 꼭 필요한 것이라고 생각합니다. 비즈니스 모델 개선작업에서 여러 실천사항 중 우선순위를 정해 추진하는 것이 필요합니다만, 귀사는 궁극적으로 도달하고자 하는 미래 비전과 미션을 항상 염두에 둘 필요가 있습니다. 귀사는 최근 현안이 되는 제4차 산업과 관련된 첨단 기술업체임을 스스로 인식할 필요가 있습니다. 사업장이 이전되는 지역을 감안하여 운전자금을 추진할 보증기관 영업점으로 서울 동부 스타트업 지점 또는 테헤란로 지점을 추천합니다.

·· 부동산 정보 관리

상담 내용

귀사는 사업계획서상의 자금계획 수립과 사업 전반에 대해 상담하였습니다. 귀사는 블록체인(Block Chain)을 기반으로 건축물을 유지 관리하는 협업솔루션을 개발하여 공급하는 사업을 추진하고 있습니다. 즉, 건축물의 신축에서 개보수 및 유지관리에 들어가는 제반 정보를 블록체인 기술을 이용하여 축적하고, 이 정보를 소비자(B2B)에게 공급하는 플랫폼을 구축할 예정입니다.

귀사의 기술은 공간정보체계인 BIM(Building information Management)의 발전된 관리체계라고 볼 수 있습니다. BIM은 3차원 정보모델을 기반으로 시설물의 생애주기에 걸쳐 발생하는 모든 정보를 통합하여 활용할 수 있도록 시설물의 형상, 속성 등을 정보로 표현한 디지털 모형을 관리하는 것으로, BIM 기술의 활용은 기존의 2차원 도면 환경에서는 달성이 어려웠던 기획, 설계, 시공, 유지관리 단계의 사업정보를 통합 관리하고, 설계 품질 및 생산성 향상, 시공 오차 최소화, 체계적 유지관리 등이 가능하게 합니다. 즉, BIM의 근본적인 목적은 디자인 정보를 명확하게 하여 설계 의도와 프로그램을 빠른 시간 내에 이해하고 평가함으로써 신속한 의사결정을 유도하는 것입니다. BIM은 현재 건축계획, 설계, 엔지니어링, 시공, 유지관리, 에너지 등 건설 산업의 전 분야에 걸쳐 광범위하게 적용되어 가고 있으며, 기존의 2차원 기반의 도면정보 체계를 건물의 실제 형상과 정보를 가지는 3차원 파라메트릭 솔리드(Parametric solid) 모델링 기반의 정보체계로 건설 산업의 패러다임을 변화시켜 왔습니다.

BIM의 발전단계로 보이는 블록체인 기술은 다수의 노드(컴퓨터)에 동일한 기록을 동기화시키는 구조입니다. 노드 간의 기록에 차이가 발생한 경우에는 일정한 규칙에 따라 다수결에 의해 정당한 기록을 결정하여 기록의 동기화를 확보해 나가는 구조로 되어 있습니다. 또한 기존의 기록(블록)에 새로운 기록을 추가할 때 계속 추가해 나갈 수 있어서 이를 블록체인이라고 부르는 것입니다. 여기서 '블록(Block)'이란 거래내역 및 발생시간 등의 내용을 문자, 숫자 형태로 암호화하여 포함한 것으로 순차적으로 연결된 일종의 데이터 패키지를 의미합니다. 따라서 귀사가 추진하고 있는 건축물 유지관리 정보를 블록체인을 활용하여 기록하는 것은 매우 타당한 사업형태라고 봅니다. 현재 귀사는 서비스를 설계, 구현, 운용, 평가할 목적으로 전체적인 기능을 표현하는 프로토타입(시제품) 제작이 필요한 상태로 보입니다.

기타 의견

귀사는 현재 비즈니스 모델을 구축하는 단계에서 소비자가 이해하기 쉬운 명칭의 브랜드를 개발하는 것이 필요합니다. 또한 출시하는 서비스의 이용자를 특정하는 것이 필요한데, 이를 페르소나(Persona)라고 합니다. 즉, 서비스를 사용하는 가상의 고객을 상징적으로 정해 놓고, 마케팅 기획을 구체적으로 수립하는 것이 필요합니다. 특정 대상 고객을 설정해 놓으면, 마케팅과 관련한 의사 결정을 매우 빠르게 진행할 수 있습니다.

03 start up

‥기술특허 사업화

상담 내용

귀사는 그간 추진하고 있던 특허 사업화 전략에 대해 상담하였습니다. 귀사는 특허를 취득한 '활동 감지 기반의 원격관리 시스템'을 잘 설명해 주셨습니다. 귀사의 특허제품은 진보성과 신규성이 인정되어 특허 등록이 완료되었습니다. 특히 귀사의 제품은 정보통신기술(ICT, Information & Communication Technology)을 활용한 것으로, 집에서 홀로 자기 자신을 돌봐야 하는 환자들에게 매우 적합할 것으로 보입니다.

귀사의 시스템을 이용하는 환자들은 호출기를 착용하여 일정한 신호를 발생시킴으로써 환자의 활동을 감지하도록 할 수 있고, 감지 신호의 강약에 따라 환자의 상태를 추정할 수 있다는 장점이 있습니다. 이는 제4차 산업의 IoT와 관련이 있고, 추가적인 개발이 진행된다면 환자의 상태 신호를 빅 데이터로 분석하고 인공지능 학습을 통해 적절한 조치를 제공하는 알고리즘을 개발할 수 있을 것으로 기대합니다. 하지만 특허제품의 사업화 초기 단계에서 생산자금과 운전자금의 부족이 예상되어, 린 스타트업(Lean startup) 방식의 소량 시제품 생산을 통해 시장의 반응을 사전에 점검하는 것이 필요합니다. 특허제품의 시제품 생산을 위한 초기 자금은 한국발명진흥회 등에서 지원받는 방안을 강구해 볼 수 있습니다.

　더불어 정부의 각 진흥원에서 추진되고 있는 R&D 지원 사업에 참여하는 것도 한 방법이라고 생각합니다. 마감기한이 임박한 서울혁신챌린지(이하 혁신챌린지) 공고 내용을 안내해 드리겠습니다. 혁신챌린지는 개인 및 단체 형태로 신청할 수 있으며, 인공지능(머신러닝) 또는 블록체인 기술 중 1개 이상의 요소기술을 포함하고 있어야 합니다. 귀사의 경우에는 시스템에서 감지한 신호인 빅 데이터를 분석하여 적절한 알고리즘을 만들어내는 인공지능 분야를 검토해 볼 수 있습니다. 혁신챌린지 신청이 완료되고 대상 기업으로 선정되면 9월까지 참여자 간 팀 빌딩(Team building)이 진행되고, 10월에 예선이 진행됩니다. 이후 프로토타입(Prototype)을 제작하여 2019년 4월에 공개적으로 진행되는 결선에 참가하게 되며, 최종적으로 수 개의 기업이 선정되어 R&D 지원 사업에 참여하게 됩니다.

　혁신챌린지 신청은 온라인(seoul.rnbd.kr)으로 할 수 있으며, 페이스북 공식 그룹은 '서울혁신챌린지'입니다. 귀사의 신청 분야는 '의료/헬스케어' 분야가 될 것으로 보이며, 과제명은 특허의 명칭을 그대로 사용하면 될 것 같습니다. 온라인 양식에 따라 R&D 과제의 개요, 중요성 및 필요성을 차례로 기술하면 되는데, 귀사의 경우 그간 충분한 연구가 이루어졌기 때문에 신청서 작성이 수월할 것으로 기대합니다.

기타 의견

R&D 지원 사업에 참여하기 위해서는 귀사의 전문 분야가 잘 노출되어야 합니다. 특히 네트워킹하고 싶은 전문분야에 대한 통찰력이 필요합니다. 귀사는 시스템에서 센싱한 데이터를 수집, 저장, 가공하는 전문가가 필요할 것으로 보이며, 빅 데이터를 적절히 분석할 수 있는 인공지능 분석 전문가, 그리고 임베디드(Embedded) 시스템을 구축할 전문가 등이 필요할 것으로 보입니다.

04 _{start up}

상담 내용

 귀사는 서울혁신챌린지(이하 혁신챌린지) 참여에 관심을 가지고 상담하였습니다. 서울혁신챌린지는 서울산업진흥원(서울특별시)에서 주관하는 것으로, 대상자에 대한 제한 없이 참가하고 최종 선정된 기업에게 R&D 자금을 지원하는 사업입니다. 이 지원사업의 특징은 참가자들 간의 사전 교류와 경쟁이 이루어지고, 우수한 혁신 아이디어를 최종 사업화하도록 지원한다는 것입니다. 귀사는 창업을 준비하는 대학생 신분으로, 다양한 경험을 얻고 교류하기 위해서 참여하는 것이 매우 바람직합니다. 물론 실력의 차이가 다소 크다 하더라도 귀사의 역량을 증대시키면서, 창업에 대한 동기를 부여받는 데 크게 도움이 될 것으로 보입니다.

잘 아시다시피 혁신챌린지는 인공지능(머신러닝)과 블록체인 기술 중 1개 이상의 요소기술을 사용해야 합니다. 사실 인공지능은 빅 데이터 기반으로 이루어진다고 볼 수 있습니다. 또한 처리할 데이터 용량이 과다하여 자체 서버보다는 클라우드(Cloud) 기반의 컴퓨팅을 기반으로 합니다. 따라서 데이터를 수집하고 분석하는 전문가가 필요하고, 이를 상업화하기 위해서는 사용자가 볼 수 있는 UI(User Interface)를 개발 및 구성해야 하며, 서버 전문가 및 러닝머신 전문가 등도 필요합니다. 따라서 온/오프라인의 오픈 플랫폼을 통해 전문가와 사전에 네트워킹을 추진할 필요가 있습니다. ICT뿐만 아니라 비즈니스 모델을 분석하고 아이디어를 구체화하는 멘토의 지원 또한 필요합니다. 따라서 인공지능 선도기업의 개발 플랫폼을 안내받고, 기술지원 여부를 확인할 수 있는 창구로 혁신챌린지가 중요한 역할을 합니다.

혁신챌린지는 6월에서 9월까지 아이디어와 팀 빌딩을 수행하고, 10월 예선을 진행하게 됩니다. 따라서 10월에 예선용 과제계획서를 제출하게 되는데, 중소벤처기업부(이하 중기부)에서 제시하는 표준사업계획서를 참고하시기 바랍니다. 창업 사업화를 지원하는 표준사업계획서(이하 사업계획서)에 관해 설명하겠습니다. 사업계획서 작성은 ① 문제 인식, ② 실현 가능성, ③ 성장 전략, ④ 팀 구성으로 구분됩니다. 먼저 창업 아이템의 개발 동기와 목적(필요성)을 기술하면서 당면한 문제점에 대한 인식 제고가 있어야 합니다. 다음은 창업 아이템의 실현 가능성 분석을 위해 시장분석과 경쟁력 확보 방안이 구체적으로 기술되어야 합니다. 성장을 위해 자금계획 등 구체적인 방안과 최종 출구 전략을 적절히 기술하여야 합니다. 사업계획서 작성은 단계별로 순차적으로 작성하는 것이 필요합니다.

기타 의견

중기부 표준사업계획서는 사업을 추진하는 주체들의 보유역량과 사회적 가치 실현을 중요하게 보고 있습니다. 즉, 사업은 혼자의 힘으로 할 수 없다는 것을 강조한 것으로 팀 구성원의 지식과 경험, 기술력, 그리고 노하우에 대한 입증이 필요합니다. 따라서 혁신 챌린지에 참여하면서 다양한 기술과 지식을 습득하는 교육프로그램에 참여하는 것을 권합니다. 블록체인과 빅 데이터에 대해서는 추가적인 상담이 필요합니다.

·· VR/AR 사업화

상담 내용

귀사는 VR/AR를 이용해 이를 사업화하는 방안에 대해 상담하였습니다. 귀사는 아마도 교육용 교구 교재를 염두에 두고 사업을 구상하고 있는 것 같습니다. 최근 스마트폰을 이용하여 다양한 캐릭터를 제공하는 서비스가 큰 인기를 끌고 있습니다. 또한 'VR Zone'을 상업화하여 청소년들에게 재미를 주고 있습니다. 가상현실 (VR, Virtual Reality)과 증강현실(AR, Augmented Reality)은 차이가 있습니다.

VR은 주변 환경을 가상현실로 만들어야 하므로 HMD(Head Mounted Display)라는 특수 장비가 필요합니다. 즉, 사용자는 시야를 전면적으로 차단해야만 VR을 즐길 수 있는 것입니다. 이에 반해 AR은 현실 세계에 가상현실을 덧입혀 보여주는 것입니다. 귀사가 구상하고 있는 교육용 교재는 이러한 AR 기술을 이용하는 것이라고 생각됩니다. 최근에 유행했던 '포켓몬고'가 대표적 사례라 할 수 있습니다. VR/AR 사업에서는 기술적 요소도 중요하지만, 이용자가 계속해서 관심을 가질 수 있도록 비즈니스적 요소 또한 많이 개발해야 합니다. 단편적인 기술 위주로 제공하는 것은 이용자의 흥미를 떨어뜨릴 수 있습니다.

VR을 사업화하기 위해서는 보조 장비, 즉 하드웨어의 선택이 중요합니다. 하드웨어는 Eye, Hand, Body 컨트롤러들이 다수 출시되어 있으며, 구현하고자 하는 사업의 형태에 따라 적절한 하드웨어를 선택할 필요가 있습니다. 요즘 VR용 360도 촬영 장비들이 다양하게 출시되고 있습니다. 한 방향에서 원근 촬영을 위해 2개의 카메라가 장착된 것도 있습니다. 그러나 1개의 카메라를 장착하고 소프트웨어 기술을 이용하여 각도(약 5도 정도)를 조절하면, 2개의 화면을 제공하는 것처럼 원근감을 얻을 수 있습니다. AR를 이용하여 사업화하는 경우, 현실과 가상환경을 융합하는 복합(Mixed) 가상현실을 비즈니스에 적절히 담아야 합니다.

기타 의견

최근 산업현장에서 도입이 추진되고 있는 혼합현실 MR(Mixed Reality)을 사업화하는 방안을 안내합니다. 마이크로소프트(Microsoft) 사(社)는 혼합현실을 기반으로 개발한 웨어러블(Wearable) 디바이스인 홀로렌즈(Hololens)를 시판하고 있습니다. MR의 특수 장비, 즉 하드웨어는 화면부, 메인보드, 그리고 센서부로 구성되어 있는데, 공간 인식과 손을 이용한 컨트롤(제스처) 기능이 있습니다. 이는 건축물 속의 엘리베이터를 유지 보수하는 작업에서 이미 상용화되고 있습니다. 각기 다른 사양의 엘리베이터 앞에 서 있으면, 해당 엘리베이터의 도면이 제공되고 현장에서 인식한 자료 화면이 바로 본사로 전송되어, 기술전문가의 지도를 받는 환경까지 개발되어 있습니다.

06

start up

·· 공유서비스 — 1차

상담 내용

귀사는 청년 예비 창업자로 사업계획 전반에 대해 상담하였습니다. 귀사의 사업계획을 정리해 보면, 중고공유마당(임의로 지칭한 것으로 이하 플랫폼이라 함)이라는 플랫폼을 모바일 베이스로 구축하고 서비스하는 것이 주요 내용입니다. 귀사는 이 플랫폼을 가지고 해외에서 진행된 공모전에서 은상을 수상한 바 있습니다. 이 플랫폼은 고객이 공유하고자 하는 중고물품을 등록하고, 이를 사용하고자 하는 고객이 중고물품을 공유하여 사용하게 하는 것으로 위치기반 서비스를 근간으로 하고 있습니다.

공유경제 또는 공유기업으로 대표되는 기업으로는 우버(Uber), 에어비앤비(Airbnb), 에스바이크(Sbike), 따르릉 등을 들 수 있습니다. 우버나 에어비앤비의 특징은 일정한 가격의 가치를 지니고 있는 물건인 자동차, 주택 등을 공유하는 것으로, 이용 고객이 시간과 장소에 따라 일시적으로 물건을 공유하여 사용하는 것을 말합니다. 귀사가 우선 취급하고자 선정한 것은 레저물건으로, 보유하기에는 부담스

·· 좌충우돌 ··
스타트업 창업 멘토링

럽고 잠깐 빌려 사용하고 반납하기 적합한 것들이 대상입니다. 함께 토의하였듯이, 물건은 인도(인수)와 회수(반납)의 적합성이 있어야 할 것 같습니다. 즉, 중고물건을 빌려 사용할 만한 일정 가격의 가치를 가지고 있는 물건을 선정하는 것이 관건입니다. 단순 소모성 물건은 빌려 사용하기에는 인수도(引受渡)의 불편함으로 인해 사용이 제한될 수 있습니다. 캠핑용품의 경우도 일정 가격 이상이 되는 물건이 적합할 것 같습니다.

공유기업 중 하나의 사례로써 서울특별시 따르릉과 에스바이크를 비교해 보겠습니다. 자전거 공유의 경우, 위치 기반을 전제로 하고 있습니다. 두 자전거 공유기업의 가장 큰 차이점은 자전거를 주고받는 위치의 문제입니다. 따르릉은 자전거 거치대를 사용하여 자전거의 인수도가 거치대를 중심으로 이루어지나, 에스바이크는 거치대가 없이 뒷바퀴에 장착된 잠금장치를 통해 길거리상의 임의의 장소에서 인수도가 이루어질 수 있습니다. 물론 물건 관리의 문제점도 있으나, 사용자의 입장에서는 임의의 장소에 반납하는 자전거 공유가 편리할 수 있습니다. 자전거 공유는 위치기반, 사물인터넷 등의 제4차 산업 기술요소들을 활용하고 있습니다. 결론으로 말씀드리는 것은 타깃 고객을 정의하기 위해서는 중고물건을 구체적으로 확정하는 것이 필요하다는 점입니다. 또한 중고물품 인수도의 편의성을 먼저 고려할 필요가 있습니다.

기타 의견

귀사가 창업하고자 하는 사업을 이미 유사한 아이템으로 시작한 기존 업체가 있다면 이를 벤치마킹해야 합니다. 유사사례 5개에서 10개 정도의 기업을 발굴하여 우선적으로 분석을 해 볼 필요가 있습니다. 그리고 이 중에서 경쟁이 될 만한 기업을 선정하여 이 기업보다 차별화된 핵심가치를 고객에게 전달할 전략이 무엇인지 연구해야 합니다. 또한, 모바일 애플리케이션(이하 앱)을 기반으로 플랫폼을 구축하기 위해 가장 유사한 앱을 찾아 분석해볼 필요가 있습니다. 그러나 문제는 개발자금입니다. 플랫폼을 개발하여 서비스를 개시할 때까지의 기간을 'Runway Time'이라고 합니다. 즉, 비행기가 이륙하기 위해서 일정 거리와 시간이 필요하듯이, 충분한 사업 구상과 수정 그리고 구체적인 시나리오를 작성해야 합니다. 창업 이전에 전문가와 최소 1개월에 한두 번의 상담을 계속할 필요가 있습니다.

07 start up

상담 내용

귀사는 사업 전반과 사업계획서 작성에 대해 상담하였습니다. 귀사의 사업내용을 정리하면 위치기반 또는 블록체인을 이용하여 중고물품을 공유하는 서비스를 제공하는 플랫폼을 구축하고자 하는 것입니다. 일명 중고물품 공유서비스를 사업 모델로 하고 있습니다. 작성된 사업계획서를 서류로 직접 볼 수 없어 다소 아쉽습니다. 사전에 또는 상담 시에 작성된 사업계획서를 메일 또는 서류로 보여 주면 충분한 의견 개진이 가능할 것 같습니다.

구두로 제시한 사업 내용과 사업계획서를 기준으로 상담을 진행하겠습니다. 귀사의 사업 모델은 중고물품 공유서비스입니다. 이를 지원하는 기술은 위치기반과 블록체인 기술입니다. 그러나 중고물품은 그 범위가 다소 광범위합니다. 중고물품의 카테고리를 세분화해 볼 필요가 있습니다. 생활용품인지, 취미용품인지, 중저가인지, 고가제품인지 등과 생활용품 중에서도 유아용품인지, 악기 종류인지 등 중고물품의 대상을 한정해 볼 필요가 있습니다. 사실 공유되는 제품

은 모두 중고제품입니다. 간혹 신제품이 나올 수도 있으나, 공유되는
물건 자체는 바로 중고물품에 해당합니다. 따라서 중고물품보다는
특정 물품을 대상으로 사업 모델을 축소해 볼 필요가 있습니다. 구
체적인 대상 물품에 따라 비즈니스 모델이 다양하게 변화될 것으로
보입니다.

귀사가 주장하는 위치기반을 생각해 보겠습니다. 위치기반의 중
심은 중고물품입니다. 중고물품에 사물인터넷 개념이 들어가고 이를
기반으로 거래한다고 가정해 볼 수 있습니다. 그러나 귀사가 기준으
로 잡는 위치기반은 공급자 또는 수요자 또는 물품전달 장소 등입니
다. 따라서 사실 위치기반이 아닐 수도 있습니다. 위치는 지역을 권
역으로 관리하는 근거 정도로 생각할 수 있습니다. 권역으로 카테고
리를 나누고, 이 권역 안에서 중고물품을 거래함으로써 물류비용을
절감하고 거래의 편의를 얻기 위한 방안입니다. 그러므로 특정 물품
을 정해서 린 스타트업(Lean startup)하고 피보팅(Pivoting)하는 것이 필
요합니다. 즉, 빠르게 최소요건 서비스로 시스템을 구축하고 시장의
반응을 통해 서비스를 개선하며, 생각과 전략을 대폭 전환하는 방식
으로 기존 사업 체계를 적절히 수정할 필요가 있습니다.

또한 유사 중고물품 공유서비스 기업인 후주 클럽, 픽셀(Picksell)
등과 서비스를 비교해 보는 것도 필요합니다. 여기서 중요한 것은 귀

사가 차별화된 핵심가치(유용성, 탁월성, 다양성, 접근성, 편리성, 비용 절감, 리스크 절감, 브랜드 등)를 전달하는 방안을 강구하는 것입니다.

기타 의견

귀사가 사업 모델을 구상하고 사업계획서를 작성하는 것은 단순히 정부의 R&D 사업자로 선정되어 자금을 지원받고자 하는 것이 최종 목표는 아닙니다. 궁극적인 목표는 사업 모델을 성공적으로 완성하여, 외부의 자금투자를 받고 일정 금액 이상의 수익을 창출하는 것입니다. 그렇다면 실질적인 접근과 철저한 준비가 필요합니다. 여력이 있다면 서울특별시 R&D 지원사업인 '서울혁신챌린지'에 참여하는 것을 권해드립니다.

08 start up

·· 공유서비스 ─ 3차

상담 내용

귀사는 위치기반 공유서비스(플랫폼) 사업화에 대해서 상담을 계속 진행하였습니다. 즉, 공유서비스 대상으로 중고물품을 정해 놓은 상태입니다. 최근 사회적 이슈 중의 하나가 공유경제입니다. 귀사의 사업 아이템도 그러한 시대적 변화에 기반을 두고 있습니다. 중고물품은 그 폭이 너무 넓어 대상을 축소해 볼 필요가 있습니다. 대상을 카테고리별로 나누다 보면 중고물품별로 특이한 특징이 있다는 것을 발견하게 됩니다. 귀사가 학교 내 킥보드를 대상으로 공유물품을 선정한다면, 압축된 범위 내에서 다양한 이슈들을 발견하게 됩니다.

중고물품 대상을 세분화하는 것은 귀사가 설정한 창업 아이템이 적절한지 탐색하는 과정의 하나입니다. 사업의 기회는 변화에서 항상 생깁니다. 산업구조의 변화, 사회 및 인구 통계적 변화, 정치 및 시장 규제의 변화, 기술 및 기업조직의 변화, 직업 구조의 변화 등에서 사업의 기회를 탐색할 수 있습니다. 귀사는 사회적 공유경제에 기

좌충우돌
스타트업 창업 멘토링

반을 두고 있으면서, 제4차 산업혁명의 하나인 ICT를 활용한 위치기반으로 공유서비스를 제공하고자 합니다. 창업은 아이디어의 착상에서 시작하지만, 아이디어 자체만으로 창업이 가능한 것은 아닙니다. 따라서 발굴된 창업 아이템이 적절한지, 어떻게 내용을 변화시켜볼 것인지를 연구할 필요가 있습니다.

창업 아이템 발굴 단계에서는 스캠퍼(SCAMPER) 도구를 활용하여 아이디어를 정제할 수 있습니다. 스캠퍼란 대체하기(Substitute), 결합하기(Combine), 변경하기(Adapt), 수정하기(Modify), 타 용도로 사용하기(Put to other uses), 제거하기(Eliminate), 순서를 바꾸기(Reverse) 등 영어단어의 알파벳 첫 글자를 따온 것입니다. 스캠퍼 도구를 활용해서 창업 아이템을 수정하다 보면 창업 아이템 선정이 잘 되었는지를 확인할 수 있습니다. 스캠퍼 도구를 활용하여 분석할 때는 여타 기업의 사례를 벤치마킹하는 것이 필요합니다. 유아용품 공유서비스를 제공하는 스타트업 기업을 소개해 드렸는데, 이는 창업 초기 단계에서 부족한 사업내용 등을 확인하고 수정할 수 있는 기회를 제공할 것입니다.

창업 아이템을 구체화하는 단계에서 아이템의 정의와 내용을 작성할 때 개념을 확정하기 위해서는, 서비스 내용, 기능과 필요 기술, 고객의 니즈, 개선사항을 쉽고 정확하게 서술해 놓는 것이 필요합니다.

기타 의견

창업 아이템을 발굴하고 선정할 때 효과적인 분석을 위해 체크리스트를 만들면 유용합니다. 체크리스트를 통해 공유품목, 주요 고객(공급자, 수요자), 핵심가치, 유통채널, 수익 창출, 비용지출, 핵심 파트너, 핵심활동, 내부역량 등을 점검합니다. 또한, 비즈니스 모델을 구상하는 것도 중요하지만, 이러한 모델을 ICT로 구현하기 위해서 해당 분야의 전문기술을 취득하는 것이 필요합니다. ICT에 관해 아웃소싱(위탁)을 주더라도 자신이 어느 정도 알고 있어야 시행착오를 줄일 수 있습니다.

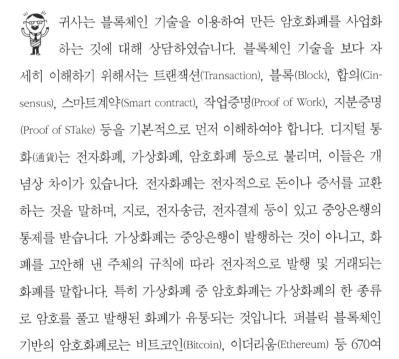

09 start up

··암호화폐 사업화

상담 내용

귀사는 블록체인 기술을 이용하여 만든 암호화폐를 사업화
하는 것에 대해 상담하였습니다. 블록체인 기술을 보다 자
세히 이해하기 위해서는 트랜잭션(Transaction), 블록(Block), 합의(Cin-
sensus), 스마트계약(Smart contract), 작업증명(Proof of Work), 지분증명
(Proof of STake) 등을 기본적으로 먼저 이해하여야 합니다. 디지털 통
화(通貨)는 전자화폐, 가상화폐, 암호화폐 등으로 불리며, 이들은 개
념상 차이가 있습니다. 전자화폐는 전자적으로 돈이나 증서를 교환
하는 것을 말하며, 지로, 전자송금, 전자결제 등이 있고 중앙은행의
통제를 받습니다. 가상화폐는 중앙은행이 발행하는 것이 아니고, 화
폐를 고안해 낸 주체의 규칙에 따라 전자적으로 발행 및 거래되는
화폐를 말합니다. 특히 가상화폐 중 암호화폐는 가상화폐의 한 종류
로 암호를 풀고 발행된 화폐가 유통되는 것입니다. 퍼블릭 블록체인
기반의 암호화폐로는 비트코인(Bitcoin), 이더리움(Ethereum) 등 670여
종류의 화폐가 있습니다.

귀사는 블록체인 기술을 이용한 암호화폐 발행 및 ICO(Initial Coin Offering) 사업을 제안받은 것 같습니다. 그 때문에 ICO 투자자 측면에서 검토해 보는 것이 귀사의 사업성을 점검하는 방안입니다. 따라서 다음과 같은 사항에 대해 검토가 필요합니다.

첫째, 먼저 블록체인이 있어야 합니다. 즉, 자체 개발한 블록체인이 있거나, 이더리움 또는 비트코인 기반의 블록체인이 있어야 합니다. 또한, 암호화폐의 거래는 물론 채굴내역 및 채굴 난이도 등을 확인할 수 있는 투명한 구조이어야 합니다. 자체 블록체인이 없다면 코인의 존재 자체를 의심해 봐야 합니다.

둘째, 백서(White paper)가 반드시 있어야 합니다. 이 백서에는 코인의 시장 차별성 및 이를 구현하기 위한 기술 도입 내역, 자금 모집 목표액 및 모집된 자금의 사용 계획 등이 상세히 공개되어 있어야 합니다.

셋째, 소스 코드(Source code) 공개 여부를 확인하여야 합니다. 핵심적인 코드는 미공개이더라도 일부 기능에 대한 내역은 공개되어야 합니다. 이의 목적은 핵심 코드를 노출시키기 위함이 아니고, 이 코드를 통해 다른 개발자들이 해당 코인의 애플리케이션(Application) 개발, 파생상품 개발 등에 대해 소스를 제공하고, 해당 코인을 외부 참여자들을 통해 자발적으로 발전 및 확장시키기 위함입니다. 또한 이 소스 코드를 'Github.com'과 같이 실력 있는 코인 관련 개발자들이 상당수 가입된 사이트에 링크 형식으로 공개해 깃허브(Git hub) 개발자들의 검증도 동시에 받을 수 있어야 합니다. 코인의 홈페이지에서 마케팅 등을 목적으로 해당 소스 코드를 공개할 수 없다든지 하는 경우에는, 소스 코드가 없거나, 있더라도 자신 있게 검증받을 수 있는 수준이 못 되는 것으로 코인 자체의 존재를 신뢰하기 어렵습니다.

넷째, 상장 거래소의 등급도 중요합니다. 소규모 거래소에 상장되면 조금만 거래되더라도 24시간 동안의 볼륨이 1,000%에 달할 수도 있기 때문에 내부거래로 의심받을 수 있습니다. 어느 정도 상위의 거래소에 상장되는 것이 중요합니다.

다섯째, 암호화폐 개발 및 경영진을 공개해야 합니다. 여러 분야에서의 전문가(CEO, CFO, CMO, 마케팅, 법률, 개발, 운영, 영업 등 분야)가 모이게 되면, 이들 전문가의 사진 및 이력이 공개되어야 합니다. 물론 구별하기 힘들 수도 있지만, 프로젝트 참여자 중에 불미스러운 전력이 있는 자의 참여 여부를 확인할 수 있다는 점에서 중요합니다. 특히 단지 암호화폐라고 해서 무작정 정해진 수익을 낼 수 있다고 하는 것은 신뢰하기 어렵습니다.

여섯째, 웹 사이트 자체의 완성도를 확인할 필요가 있습니다. 웹 사이트는 해당 코인 개발 시 지원받은 자금의 규모를 가늠하는 척도입니다. 블로그 수준의 사이트의 경우는 초기 펀딩이 약한 것입니다. 따라서 완성도가 높은 웹 사이트가 갖추어져 있어야 합니다.

일곱째, 웹 사이트의 도메인 확장자도 잘 확인해야 합니다. COM,

NET 등이 아닌 XYZ, BIT 등 저가 도메인 확장자를 사용한다는 것은 낮은 자금력을 반영하는 척도이기도 합니다.

여덟째, 개발도상국에서 발행되는 코인은 투자받기가 어렵습니다. 경제의 규모를 떠나 저개발 국가가 주도하는 코인은 일단 시장의 지지를 받기 힘듭니다. 가상화폐 시장뿐 아니라 SNS(Social Network Services) 마켓에서 한국은 사실상 낮은 경쟁력을 갖춘 국가로 분류됩니다. 보통 미국 등 영어를 모국어로 사용하는 기업의 코인인 경우 가장 좋은 확장성을 가지게 됩니다.

아홉째, 코인의 이름도 중요합니다. 전형적인 영어가 아니거나, 라틴어, 중국어, 스페인어 계열 등의 이름을 가진 코인은 각광을 받지 못하는 사례가 많습니다[자료 출처: 데이빗 김의 ICO 투자 유의점, 〈글로벌경제신문〉(2017. 09)].

기타 의견

상기의 투자 포인트를 유념하되 코인의 발행량이 너무 과대하다거나, 현재 유통 수량이 너무 적은 경우에는 작전세력에 의한 가격 조정이 발생할 수 있습니다. 즉, 코인 가격이 너무 많이 오르거나 떨어진 이력이 있는 코인들은 작전세력이 이미 들어와서 이익을 낸 후 가격이 급락하는 경우가 있습니다. 홈페이지나 런칭 행사 때 너무 마케팅이 강한 느낌이 있는 경우에는 코인으로서의 기본을 갖추지 못한 채 외적 요인으로 투자자들을 현혹시키려는 의도가 있는 것으로 오해할 수 있습니다. 암호화폐의 기반이 되는 퍼블릭(Public) 블록체인과 프라이빗(Public) 블록체인의 특징 및 차이점을 〈표 1〉과 같이 정리하였습니다.

표 1

구분	퍼블릭 블록체인	프라이빗 블록체인
읽기 권한	누구나 열람 가능 (Permissionless)	허가된 기관만 열람 가능 (Permssion Needed)
거래 검증과 승인	누구나 검증과 승인 수행	승인된 기관과 감독기관만 가능
트랜잭션 생성자	누구나 트랜잭션 생성	법적 책임을 지는 기관만 트랜잭션 생성
합의 매커니즘	작업증명 (Proof-of-Work) 지분증명 (Proof-of-Stake) 위임지분증명 (Delegated Proof-of-Stake)	계열의 합의 알고리즘 방식

권한 관리	누구나 할 수 있음	Private Channel, Tierd System 등을 통해 읽기 및 쓰기 권리 관리
적용 가상화폐	비트코인, 이더리움, 카르다노, 에이다	하이퍼 레저 패브릭 리터

자료 출처: CRYPTO GRAPH(2018.08.)

좌충우돌
스타트업 창업 멘토링

10 블록체인 특허전략

상담 내용

귀사는 블록체인 특허전략에 대해 상담하였습니다. 블록체인은 잘 아시다시피 일정 시간 동안 확정된 거래 내역을 블록(Block)에 담아 보관하는 기술입니다. 네트워크를 형성하는 모든 참여자는 이 블록들을 전송받아 해당 거래의 타당성 여부를 확인합니다. 이렇게 승인된 블록만 기존 블록체인에 연결되어, 제삼자가 거래를 보증하지 않아도 당사자끼리 디지털 가치를 교환할 수 있습니다.

네트워크에서 거래 내역을 기록한 블록체인은 일종의 거래 장부로서 이를 공개하고 분산해서 관리한다는 의미에서 공공 거래장부 또는 분산 거래장부(Distributed Ledger)라고 불립니다. 블록체인의 기본 구조는 P2P(Peer to Peer) 방식을 기반으로 하며, 디지털 서명으로 동의한 내역만 하나의 블록으로 만들어지게 됩니다. 기존의 데이터베이스 방식으로 관리하지 않고 분산 처리하는 관계로 해킹이 어렵습니다. 따라서 블록체인은 금융, 의료, 물류 등 안정성이 요구되는 거래에 적합합니다.

블록체인 1.0 시대의 기술로 구현된 암호화폐 비트코인의 핵심기술로는 암호화 기술, 분산원장 기술, 합의 알고리즘 기술 등이 있습니다. 블록체인 2.0 시대를 연 이더리움은 P2P 전자화폐 시스템을 넘어 스마트 계약이라는 개념을 도입하였습니다. 이더리움은 비트코인의 결제네트워크 기능을 갖춘 동시에 분산된 P2P 네트워크 안에서 실행되는 분산 애플리케이션(DApp)을 구현할 수 있습니다. 이더리움의 스마트 계약이란 입력한 조건이 만족되면 계약이 자동 실행되는 것으로, 스마트 계약의 검증과 실행은 모두 블록체인 안에 기록됩니다.

이더리움 이후 다양한 블록체인 네트워크에서 토큰(암호화폐) 발행을 통해 자금을 모집하는 ICO(Initial Coin Offering)가 실행되고 있습니다. ICO는 블록체인 관련 스타트업을 창업할 때 초기 자금을 모집하는 매우 빠르고 편리한 방법입니다. 통상 ICO는 토큰 설립자들이 사업 아이디어를 담은 백서를 온라인에 공개하고, 이를 지지하는 사람들에게 토큰을 판매하며, 구매자들은 법정화폐 대신 비트코인이나 이더 등의 암호화폐를 받게 됩니다. 이후 토큰 설립자들이 이들 암호화폐를 현금화하는 과정에서 암호화폐 가격이 일부 하락하는 것으로 알고 있습니다.

블록체인 관련 특허가 최근 4년간 22배 이상 증가하였다고 특허청은 발표하고 있습니다. 중국은 정부가 적극적으로 나서 블록체인 인프라를 구축하고 있으며, 기술 표준화를 이루기 위해 블록체인 및 분산장부 기술 표준화 기술위원회를 발족해 놓은 상태입니다. 특허청 자료(2018년 3월 기준)에 의하면 관련 특허 출원의 누적 건수가 미국 497건, 중국 472건, 한국 99건, 유럽 73건, 일본 36건 등을 기록하고 있습니다. 특히 블록체인 기술을 표준화하는 흐름이 나타나고 있습니다. 예를 들어 IBM이 주도하는 Hyperledger, 금융권 블록체인 연합인 R3CEV, IoT 기술 관련 연합인 Trusted IoT 등이 있습니다. 이들 연합은 블록체인 분야에서 힘을 행사하기 위해 코어기술에 대한 특허 출원을 서두르고 있습니다.

기타 의견

블록체인 관련 특허 출원은 아직도 초기 단계이긴 하나 미국 등의 경우 기본 개념을 중심으로 한 코어기술 관련 특허 출원이 목격되고 있습니다. 따라서 코어기술, 응용기술에 대한 특허 출원으로 독점권을 우선 확보해야겠습니다. 더불어 블록체인을 활용하여 기존 시스템의 단점을 보완하는 R&D와 특허 출원이 당장 필요합니다. 특히 글로벌 경쟁사의 특허를 주기적으로 모니터링하고 분석하는 것이 요구됩니다. 기존의 특허를 분석하여 귀사의 R&D 방향을 설정하고 공격적 특허를 확립하는 연구가 필요합니다. 블록체인 기술 관련 특허를 분류하면 다음의 〈표 2〉와 같으며, 이외에도 Blockchain based Application 특허들이 다수 출원되고 있습니다.

표 2

Distributed Storage	Privacy & Encryption	Consensus Algorithm
		- PoW, PoS, DPoS,
- Public & Private	- Hash Function	PoET, PBFT, PoI, PoA
Chain Network	Public & Privacy Key	Validation of
Distributed Ledger	Algorithm	Transaction
Block Structure	Security Algorithm	Block Mining
Node Joining	Digital Signature	Double Spending
Side Chain	Wallet	Solution
On Chain / Off Chain		Verifying Payment
		Hardfork & Softfork

자료 출처: 변리사 박건홍(2018)

꾿치충우돌꾿
스타트업 창업 멘토링

지식서비스업
창업

창업의 최근 추세는 창업자가 기술이 있든지, 지식이 있든지 하는 상황에서 창업을 하는 형태입니다. 그래서 기술과 전문지식이 있는 창업자들의 상담 신청이 증가하고 있습니다. 이는 창업에 앞서 사전 지식을 축적하기 위한 것으로, 보다 실질적인 창업 준비가 되고 있습니다. 정년퇴직을 했거나 정년을 앞둔 중장년의 창업은 더욱 신중할 수밖에 없습니다. 이들 창업자는 경영지도사, 부동산 공인중개사 등 전문 자격증을 이미 취득한 경우가 많습니다.

　전문 지식인의 창업은 사전에 지식과 경험을 가지고 있을 뿐만 아니라, 응용 능력도 갖추고 있습니다. 이들의 창업은 20~30여 년의 산업현장의 노하우를 바탕으로 합니다. 다만 이들이 부족한 것은 한 번도 창업을 해보지 않았다는 것과 기업 경영의 현장감이 부족하다는 것입니다. 그럼에도 기술과 지식을 바탕으로 다양한 비즈니스 모델을 구체적으로 구상할 수 있고, 사업의 성공 가능성도 매우 높습니다. 이번 장에서는 이들의 상담 사례를 기술하였습니다.

01 ^{start up} ·· 중소기업 인증 컨설팅

상담 내용

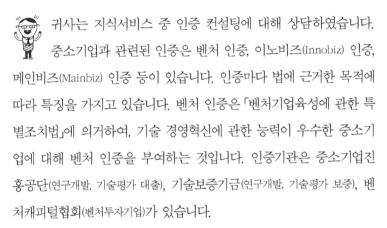 귀사는 지식서비스 중 인증 컨설팅에 대해 상담하였습니다. 중소기업과 관련된 인증은 벤처 인증, 이노비즈(Innobiz) 인증, 메인비즈(Mainbiz) 인증 등이 있습니다. 인증마다 법에 근거한 목적에 따라 특징을 가지고 있습니다. 벤처 인증은 「벤처기업육성에 관한 특별조치법」에 의거하여, 기술 경영혁신에 관한 능력이 우수한 중소기업에 대해 벤처 인증을 부여하는 것입니다. 인증기관은 중소기업진흥공단(연구개발, 기술평가 대출), 기술보증기금(연구개발, 기술평가 보증), 벤처캐피털협회(벤처투자기업)가 있습니다.

이노비즈(혁신과 기업의 합성어) 인증은 기술 우위를 바탕으로 경쟁력을 확보한 기술혁신형 기업에 대한 인증으로 중소기업기술혁신협회와 기술보증기금에서 인증을 담당합니다. 메인비즈 인증은 경영혁신형 기업에 대한 인증으로, 마케팅, 조직관리, 생산성 향상 등의 혁신활동을 통해 경영성과를 달성한 기업을 말합니다. 인증기관으로 한국경영혁신중소기업협회, 신용보증기금, 중소기업 정보진흥원 등이

있습니다. 이노비즈 및 메인비즈 인증은 모두 설립 후 3년 이상인 중소기업을 대상으로 합니다.

메인비즈 인증, 즉 경영혁신형 인증 심사에 대해 상세히 말씀드리겠습니다. 메인비즈 인증 심사는 3가지 분야, 즉 ① 경영혁신 인프라, ② 경영혁신 활동, ③ 경영혁신 성과 분야 등을 염두에 두고 진행됩니다. 경영혁신 인프라 분야는 경영자의 리더십과 기업의 혁신전략에 관한 것입니다. 기업의 혁신전략은 경영전략을 이행하는 관리적인 측면과 혁신목표의 전개 내용, 혁신관리의 효율성 등을 심사합니다. 경영혁신 활동 분야는 경영관리의 프로세스 측면, 인사조직의 프로세스 측면에 관한 것입니다. 인사조직의 세부 심사항목으로 인적자원 관리와 평가 보상, 전사적 측면에서 고객접점관리 등을 심사합니다. 경영혁신 성과 분야는 재무적 성과를 주로 심사하게 되는데, 총차입금 의존도, 부가가치율, 매출액 증가율 등을 수치적으로 비교하여 혁신의 성과를 심사하게 됩니다.

그 밖의 혁신 사항으로 기업의 정보 관리, 생산관리, 마케팅관리도 심사항목에 포함되어 있습니다. 세부 심사항목들은 경영 컨설팅 분야와 깊은 관계를 가지고 있으므로, 점수가 다소 낮은 심사항목은 신보의 경영 컨설팅과 연계하여 향상을 도모할 필요가 있습니다.

기타 의견

귀사가 목표로 하는 중소기업에 대한 인증 컨설팅 내용은 상기의 심사내용을 기준으로 진행되어야 합니다. 이를 체계적으로 교육하는 기관은 현재 없는 것으로 보이며, 이러한 인증 분야에 대해 온라인 또는 오프라인 강좌를 개설하여 제공할 경우, 중소기업에게 매우 유용할 것으로 보입니다. 이러한 강좌의 수요자는 중소기업뿐만 아니라 금융 관련 서비스를 제공하는 컨설팅 회사나 컨설턴트 등이 될 것으로 보이며, 이때 인증받은 중소기업에게 제공되는 각종 혜택을 적절히 홍보하는 것이 필요합니다.

·· 중소기업 인증 취득

상담 내용

 귀사는 중소기업 인증 취득 및 사업 다각화 등에 대해 상담
하였습니다. 특히 중소기업 인증 중에서 벤처기업 인증, 이노
비즈 인증, 메인비즈 인증에 관심을 가지고 있습니다.

벤처기업 인증의 유형은 벤처투자기업, 연구개발기업, 기술평가 보
증기업, 기술평가 대출기업으로 나누어집니다. 기술평가 보증기업은
기술보증기금(이하 기보)으로부터 기술성이 우수한 것으로 평가를 받
고, 일정 금액 이상의 보증을 받은 기업에 대한 인증을 말합니다. 기
술평가 대출기업은 중소기업진흥공단(이하 중진공)으로부터 기술성이
우수한 것으로 평가를 받고, 중진공 대출을 받은 기업에 대한 인증
을 말합니다. 벤처기업 인증 업체는 창업 후 3년 동안 법인세와 소득
세를 50% 감면받을 수 있고, 벤처 확인일 4년 이내에는 취득세 면제
및 5년간 재산세 50% 감면 혜택이 있습니다. 또한, 금융심사과정에서
우대받으며, 병역특혜 연구기관 지정신청 기회를 연 2회 부여받는 등
의 혜택이 있습니다. 세부 내용은 실행과정에서 해당 제도를 재확인

할 필요가 있습니다.

이노비즈 인증은 기술 우위를 바탕으로 경쟁력을 확보한 기술혁신형 중소기업을 말합니다. 즉, 기술에 대한 경쟁력과 미래 성장 가능성을 갖춘 기업입니다. 이 인증을 취득한 기업은 R&D 정부 지원사업에서 가점이 있고, 금융지원과 산업기능 요원 등 인력지원에서 혜택이 있습니다. 이노비즈 인증은 창업 3년 이상의 중소기업을 대상으로 하며, 자가진단 시 650점 이상이고 현장평가에서 700점 이상인 경우 인증을 받게 됩니다.

메인비즈 인증은 마케팅 및 조직혁신을 통해 기업의 경영혁신을 하는 중소기업을 말합니다. 혜택으로는 보증료 0.1% 차감, 주요 금융기관과의 협약을 통한 지원, 판로 및 수출을 지원받는 등의 혜택이 있습니다. 메인비즈 인증은 창업 3년 이상의 중소기업을 대상으로 하며, 자가진단 시 600점 이상이고 현장평가에서 700점 이상인 경우 인증을 받게 됩니다. 보다 자세한 내용은 해당 홈페이지를 참조해 주기 바랍니다.

중소기업 관련 인증기업으로 선정되는 경우 대외적으로 공신력을 얻게 되고, 인증기업들과의 교류를 할 수 있다는 장점이 있습니다. 다만 인증 심사 및 협회 회원가입 시에 일정 금액의 비용을 지불해야 합니다.

기타 의견

귀사가 구상하는 사업 다각화의 방향은 기존의 사업 분야에 냉동식품 사업을 추가하는 것입니다. 귀사의 경우, 수출 및 수입을 기본으로 하는 비즈니스 모델을 가지고 있습니다. 이에 귀사의 역량으로 보아 큰 무리가 없을 것으로 보이나, 냉동식품을 유통하는 과정에서 리스크를 최소화하는 것이 필요합니다. 즉, 냉동식품을 귀사가 아닌 수입 의뢰기업으로 바로 입고하여 유통하고, 물류비용을 절감하는 것이 필요합니다. 또한 냉동수산물 수입과 관련하여 해외 현지 시세를 정확히 파악하기 위해서 해외 인적자원을 가지고 있어야합니다. 수입물품의 가격은 환율 등을 감안하여 적정 가격으로 책정하는 시스템적 사고가 필요합니다.

03

·· 사단법인 설립

상담 내용

귀사는 금융서비스와 관련하여 사단법인을 설립하는 것에 대해 상담하였습니다. 법인은 자연인과 마찬가지로 권리능력의 주체로서 법인격, 즉 권리능력을 인정받는 사람들의 단체입니다. 법인은 목적에 따라 영리법인과 비영리법인으로 나눌 수 있고, 법인의 구성요소에 따라 사단법인과 재단법인으로 나눌 수 있습니다. 귀사가 설립하고자 하는 사단법인은 비영리법인인 공익법인에 해당합니다. 사단법인을 설립하기 위해서는 2명 이상의 사람들이 법인의 근본규칙을 정한 후 이를 정관에 기재하고, 주무관청의 허가 및 법인등기를 해야 법인으로 성립됩니다(민법 참조). 사단법인의 설립절차는 먼저 정관을 작성하여 창립총회에서 의결하고 주무관청의 허가를 받은 후, 주된 사무소 소재지 관할 법원 등기소에 법인설립등기를 하면 됩니다.

사단법인 설립절차를 요약하면 다음과 같습니다. ① 협회 설립 논의(비영리 사단법인, 영리법인, 협동조합 등), ② 발기인 모집, ③ 주무관청 선정, ④ 발기인 중 창립총회 준비위원회 구성(준비위원장 위촉), ⑤ 창립총회 개회, ⑥ 주무관청에 서류 접수(방문, 우편, 인터넷 접수 등), ⑦ 홈페이지 구축(주무관청 실사 대비), ⑧ 허가서가 나오기까지 최대 1개월의 심사 기간 소요, ⑨ 법원 법인 등기부 등본과 인감증명서 등 법무사가 처리(허가서와 정관 필요), ⑩ 법인 등기부 등본과 인감증명서를 가지고 세무서에 등록, ⑪ 세무서에서 사업자등록증 수령(2~3일 소요)의 순입니다. 사단법인 설립과 관련하여 주무관청의 실사 담당자는 홈페이지 등에서 조직, 연혁, 사업계획, 정관 등을 점검합니다. 기부금을 수납하고자 하는 단체는 반드시 홈페이지에 공지해야 하므로, 창립 사단법인은 홈페이지를 충실히 구축해야 합니다.

즉, 비영리 사단법인을 설립하고자 하는 경우, 적어도 2인 이상의 발기인(설립자)이 필요합니다. 설립 발기인은 정관을 작성하여 기명날인하고, 법인의 구성원을 확정하는 등의 일을 하게 됩니다. 세무서에 사업자를 등록할 때에는 정관 및 법인 등기부 등본상의 사업목적이 사업자등록증상의 내용과 반드시 일치해야 합니다. 창립 사단법인과 관련하여 기존에 유사 명칭이 있는지를 확인하시고, 적절한 주무관청을 확인하기 위해서 법제처 국가법령정보센터(www.law.go.kr)에 접속하여 정부조직법을 검색하기 바랍니다.

기타 의견

사단법인 설립과 관련하여 사단법인의 능력 내용, 수익사업, 재산운영 등에 관한 추가적인 세부 검토가 이루어져야 합니다. 즉, 사단법인의 명칭과 사업목적에 따라 주무관청이 상이하오니, 구상하시는 구체적인 사단법인 창립 내용을 점검할 필요가 있습니다. 사단법인의 명칭은 인터넷등기소에 접속하여 확인할 수 있으며, 구체적인 설립절차 및 발기인 구성 등에 관하여 추가 상담이 필요합니다.

04 _{start up}

·· 금융협회 설립

상담 내용

지난번 사단법인 설립 절차에 이어 금차 금융서비스 관련 협회 설립에 관해 상담하였습니다. 사단법인 절차에서 말씀드린 것과 같이 설립준비를 위해서는 발기인 구성, 정관 작성 등이 중요하며, 이는 협회의 사업 목적과 내용에 반드시 부합해야 합니다. 이어 사업내용과 합치되는 정부 소과부처를 선정하고, 협회 회원을 모집하는 전략을 수립해야 합니다.

협회 설립과 관련하여 비즈니스 모델 분석을 통해 점검하겠습니다. 먼저 대상 회원의 세분화가 필요합니다. 회원 모집은 협회 존립의 근간을 이루는 것으로, 회원은 협회의 사업목적을 이해하고, 사업내용을 함께 추진할 동반자이어야 합니다. 협의 회원은 금융서비스를 이용할 대상으로 국내에서 자금 융통이 필요한 중소기업 등이 해당됩니다. 회원가입을 하는 중소기업에게 협회는 핵심가치를 제공하여야 합니다. 즉, 회원이 기대하는 금융서비스를 손쉽게 제공하여야 합니다. 이를 위해서는 전문 인력이 필요합니다. 전문 인력은 금융에 관해 전문지식과 경험이 풍부해야 합니다. 금융기관 및 유관기관의 퇴직자를 전문 인력으로 활용하는 것을 구상할 수 있습니다.

회원들에게 전문 금융서비스를 제공하기 위해서는 전문 인력에 대한 교육훈련과 일정 자격을 부여하는 자격인증 제도를 채택하는 것이 바람직합니다. 이와 유사한 금융 자격을 제공하는 기관으로 금융연수원이 있으며, 여기서 배출된 전문 인력을 흡수하는 것도 한 방법입니다. 즉, 비즈니스 모델 측면에서 전문 인력은 핵심자원이 되며, 이들을 통한 전문 금융서비스가 협회의 핵심 활동이라고 정의할 수 있습니다. 그 외에도 협회의 핵심활동으로 금융서비스 발전을 위한 포럼, 회원 교류, 연구 활동 등이 있습니다. 협회의 수익 원천은 임원 및 회원의 연회비와 특별 기부금입니다. 마지막으로 비용 구조는 협회 유지를 위한 사무실 임대료와 직원 인건비, 홈페이지 제작 등 홍보를 위한 지출비용입니다. 이 중 직원에 대한 인건비 지급이 상당한 부분을 차지할 것으로 보입니다. 협회 직원은 협회의 회원 관리 및 핵심가치를 전달하는 중요한 역할을 수행하게 됩니다.

기타 의견

비즈니스 모델 분석을 통해 협회의 수익모델 등을 점검하였습니다만, 구체적인 금융서비스의 내용을 더욱 정립할 필요가 있습니다. 전문 인력에 대한 교육훈련 방안과 인력 활용을 위한 계약 체결 등을 사전에 점검할 필요가 있습니다. 이러한 점검은 협회의 지속 존립의 필요성을 확고히 하는 것으로 해외의 사례 발굴을 통해 추가 점검이 필요합니다.

05 start up

·· 소비자단체 설립

상담 내용

귀사는 금융서비스 관련 소비자단체 설립에 관해 상담하였습니다. 소비자단체는 소비자의 권익을 증진하기 위해 소비자가 조직한 단체로서(「소비자기본법」 제2조 제3호), 소비자의 불만·피해를 처리하기 위해 상담 및 정보제공 업무를 수행하고, 소비자와 사업자 간에 다툼이 있을 경우에 합의를 권고하는 역할을 수행합니다(「소비자기본법」 제28조 제1항 제5호).

대표적인 소비자단체는 녹색소비자연대, 한국여성소비자연합, 전국주부교실중앙회, 한국소비자교육원, 한국YMCA전국연맹, 한국소비자연맹, 한국소비생활연구원, 소비자시민모임, 한국부인회, 대한YWCA연합회 등이 있으며, 이들은 한국소비자단체협의회(www.consumer.or.kr)를 조직하여 활동하고 있습니다. 그 외에 각 지방자치단체에 등록된 소비자단체가 있습니다. 서울특별시에 등록된 소비자단체는 한국소비자협회(서울 제2014-3호)가 있습니다.

소비자단체의 등록(「소비자기본법」 제29조)과 관련하여 다음 각호의 요건을 모두 갖춘 소비자단체는 대통령령이 정하는 바에 따라 공정거래위원회 또는 지방자치단체에 등록할 수 있습니다. ① 제28조 제1항 제2호 및 제5호의 업무를 수행할 것, ② 물품 및 용역에 대하여 전반적인 소비자 문제를 취급할 것, ③ 대통령령이 정하는 설비와 인력을 갖출 것, ④ 「비영리민간단체 지원법」 제2조 각호의 요건을 모두 갖출 것 등이며, 공정거래위원회 또는 지방자치단체의 장은 제1항의 규정에 따라 등록을 신청한 소비자단체가 제1항 각호의 요건을 갖추었는지 여부를 심사하여 등록 여부를 결정하게 됩니다.

소비자단체의 업무(「소비자기본법」 제28조)는 ① 국가 및 지방자치단체의 소비자의 권익과 관련된 시책에 대한 건의, ② 물품 등의 규격·품질·안전성·환경성에 관한 시험·검사 및 가격 등을 포함한 거래조건이나 거래방법에 관한 조사·분석, ③ 소비자 문제에 관한 조사·연구, ④ 소비자의 교육, ⑤ 소비자의 불만 및 피해를 처리하기 위한 상담·정보제공 및 당사자 사이의 합의 권고 등의 업무를 합니다.

소비자단체로 등록(「소비자기본법 시행령」 제23조)하기 위해서는 업무를 처리할 수 있는 전산장비와 사무실, 업무를 수행할 수 있는 상근인력(5명 이상)이 있어야 합니다. 공정거래위원회에 등록할 수 있는 것은 전국적 규모의 소비자단체로 구성된 협의체 또는 3개 이상의 시·

도에 지부를 설치하고 있는 소비자단체이고, 그 밖의 소비자단체는 주된 사무소가 위치한 시·도에 등록할 수 있습니다.

기타 의견

소비자단체를 등록하려는 경우에 필요한 등록신청 서류는 정관, 총회회의록, 사업계획·수지예산서, 설비 및 인력 현황, 지부 현황, 회원명부, 공익활동실적을 증명할 수 있는 서류 등입니다. 소비자단체의 등록과 민법상의 사단법인 설립 등과의 관계는 공정위원회를 직접 방문하여 상담할 것을 권합니다.

·· 중소기업 상담회사 — 1차

상담 내용

귀사는 중소기업 상담회사 창업에 대해 상담하였습니다. 중소기업 상담회사(이하 상담회사)는 중소기업의 의뢰를 받아 사업성을 평가하고, 경영 및 기술 향상을 위해 의뢰받은 용역사업 등을 수행하는 것을 주된 업무로 하는 회사로서, 중소벤처기업부(이하 중기부)의 컨설팅 지원사업의 참여 기관으로 활동할 수 있습니다. 즉, 상담회사는 중소기업의 정책자금 조달 등과 관련하여 합법적으로 컨설팅이 가능한 회사를 말합니다.

중소기업 상담회사란 중소기업의 사업성 평가, 경영 및 기술향상을 위한 용역수행 사업, 자금 조달·운용에 대한 자문 및 대행과 창업절차의 대행 등의 사업을 영위하기 위해 법규「중소기업창업 지원법」제31조에 따라 등록한 회사를 말합니다. 상담회사는 상법에 따른 법인으로 납입자본금 5천만 원 이상이어야 하고, 다음의 요건을 갖추어야 합니다. 첫째, 중소기업의 사업성 평가, 중소기업의 경영 및 기술 향상을 위한 용역, 중소기업에 대한 사업의 알선 등의 목적을 영위하여야 할 것, 둘째, 상담회사 법인의 임원이 결격사유가 없을 것, 셋째, 상근 전문 인력 2인 이상이고, 상담전용공간을 확보할 것 등입니다. 즉, 경영지도사 2인 이상으로 전용 사무실을 가지고 있어야 합니다.

중소기업 상담회사 신청은 중기부에 연중 신청할 수 있습니다. 신청 시 필요한 서류는 중소기업 상담회사 등록신청서, 정관, 사업계획서, 법인 등기부 등본, 임원의 이력서, 상근인력 자격증, 상근 여부 확인서류(의료보험 가입 등), 상담 전용공간 확보서류(임대차 계약서), 행정정보 공동이용신청서 등이 있습니다. 접수기관은 창업벤처혁신실, 창업진흥정책관, 창업생태계조성과이며, 법인 등기부 등본과 정관의 사업내용은 반드시 일치해야 합니다. 중소기업을 창업하려는 회사는 중소기업 상담회사로부터 창업 상담 및 창업 지원을 받을 수 있으므로, 아래의 내용을 귀사의 사업목적에 등재할 필요가 있습니다.

즉, 귀사는 사업목적으로 ① 중소기업의 사업성 평가, ② 중소기업의 경영 및 기술 향상을 위한 용역, ③ 중소기업에 대한 사업의 알선, ④ 중소기업의 자금 조달·운용에 대한 자문 및 대행, ⑤ 창업 절차의 대행, ⑥ 창업보육센터의 설립·운영에 대한 자문 등의 내용을 등재할 필요가 있습니다. 포괄적으로 의뢰기업의 자금 조달과 운영에 대해 자문 및 대행을 할 수가 있는데, 이때 컨설팅 수수료는 계약서에 의해 일정 금액을 받을 수 있으나, 대출 실행금액의 규모에 따른 성공 보수는 법적으로 문제를 야기할 수 있습니다.

기타 의견

귀사가 중소기업 창업자와 용역계약을 체결할 때, 용역을 의뢰한 기업은 중기부로부터 용역 대금의 100분의 80 범위 내에서 지원받을 수 있습니다. 즉 '중소기업 창업 지원업무 운용규정'에 의거, ① 창업예비자에 대한 사업타당성 검토 용역, ② 창업자에 대한 경영·기술지도 용역, ③ 창업자에 대한 절차대행 용역, ④ 사전환경성검토서 작성대행 용역 등은 중기부로부터 지원받을 수 있다는 것을 고지할 필요가 있습니다[자료 출처: 한국창업경영 컨설팅협회 홈페이지].

07 ·· 중소기업 상담회사 — 2차

상담 내용

귀사는 중소기업 상담회사 창업에 대해 상담을 계속 진행하였습니다. 이를 정리하면, 중소기업 상담회사는 「중소기업창업 지원법」 제31조에 의거, ① 중소기업의 사업성 평가, ② 중소기업의 경영 및 기술 향상을 위한 용역, ③ 중소기업에 대한 사업의 알선, ④ 중소기업의 자금 조달·운용에 대한 자문 및 대행, ⑤ 창업 절차의 대행, ⑥ 창업보육센터의 설립·운영에 대한 자문, ⑦ 상기 사업에 딸린 사업으로서 중소벤처기업부 장관이 정하는 사업을 영위할 수 있습니다.

중소기업 상담회사의 등록요건은 납입자본금 5천만 원 이상을 갖추어야 하고, 경영지도사, 경영학 분야의 박사학위 소지자 등 전문인력 2인 이상이 상근하여야 합니다. 또한 임원은 다음 각 목의 어느 하나에 해당하지 아니하는 자이어야 합니다. ① 미성년자·피성년후견인 또는 피한정후견인, ② 파산선고를 받고 복권되지 아니한 자, ③ 금고 이상의 실형을 선고받고 그 집행이 끝나거나(집행이 끝난 것으로 보는 경우를 포함한다) 집행이 면제된 날부터 3년이 지나지 아니한 자, ④ 금고 이상의 형의 집행유예를 선고받고 그 유예 기간 중에 있는 자, ⑤ 금융거래 등 상거래에서 약정한 날짜 이내에 채무를 갚지 아니한 자로서 대통령령으로 정하는 자입니다.

 귀사가 관심을 가지고 있는 중소기업의 대출상담은 현재 국회에 계류 중인 「금융소비자보호법」과 관련이 크다고 봅니다. 「금융소비자보호법」은 금융상품판매업과 금융상품판매업자, 금융상품자문업과 금융상품자문업자에 관해 정의하고 있습니다. 금융상품판매업이란 이익을 얻을 목적으로 계속 또는 반복적인 방법으로 금융상품을 직접 판매하거나, 그 판매를 대리·중개하는 것을 말하며, 금융상품직접판매업과 금융상품판매대리·중개업으로 구분하고 있습니다. ① 금융상품직접판매업은 금융상품에 관한 계약의 체결 또는 계약 체결의 권유를 하거나 청약을 받는 것을 영업으로 하는 것을 말하며, ② 금융상품판매대리·중개업은 금융상품계약체결 등을 대리하거나 중개하는 것을 영업으로 하는 것을 말합니다.

 금융상품자문업이란 이익을 얻을 목적으로 계속 또는 반복적인 방법으로 금융상품의 가치 또는 금융상품 매입과 처분 결정에 관한 자문에 응하는 것을 말합니다. 따라서 귀사가 추진하고자 하는 중소기업 대출 관련한 상담은 「금융소비자보호법」(법안 통과 후)을 근거로 하는 것을 검토할 필요가 있습니다.

기타 의견

최근 창업 기업을 대상으로 많은 역할을 하고 있는 액셀러레이팅에 대해 부언하여 말씀드리겠습니다. 액셀러레이터(Accelerator, 창업기획자)는 초기 창업자 등의 선발 및 투자, 전문보육을 주된 업무로 하는 자로서 「중소기업창업 지원법」 제19조의 2를 근거로 하고 있습니다. 최근 정부는 국제적 역량을 갖춘 액셀러레이터를 육성하기 위하여 필요한 시책을 수립·시행하고 있습니다. 따라서 중소기업을 대상으로 한 비즈니스 모델을 구축하는 데 유용하게 활용할 수 있는 제도라고 생각합니다.

·· 원격의료 서비스

상담 내용

귀사는 원격의료 서비스 창업을 준비하면서 정책자금지원 등을 상담하였습니다. 의료산업에서 의료수술기기, 즉 수술용 로봇, 레이저, 초음파, 전기 수술 등을 본 산업이라고 했을 때, 후방산업은 디스플레이, 로봇, 광학 및 소프트웨어 산업이고, 전방산업은 의료수술기기를 활용한 의료서비스 및 통신서비스 등을 말합니다. 일반적으로 원격의료 서비스는 최전방산업에 해당합니다. 또한, 그만큼 과학 및 기술의 발전을 전제로 합니다.

의료용 로봇은 진단시스템, 로봇수술과 치료, 재활 시스템, 기타 의료로봇으로 구성됩니다. 또한 의료용 로봇은 다시 수술용 로봇과 수술용 보조로봇으로 분류할 수 있습니다. 수술용 로봇은 수술의 전 과정 또는 일부를 의사와 함께 작업하는 로봇으로, 의사의 조작이나 미리 작성된 수술계획에 따라 시스템이 직접 수술을 수행하는 것입니다. 수술용 보조로봇은 의사를 보조하여 각종 기능적·정보적 보조 기능을 수행합니다. 정형외과 수술로봇과 같이 정밀도를 보조하거나, 복강경(腹腔鏡) 수술로봇과 같이 의사의 동작을 보조하는 것으로 수술 부위의 기하학적 정보를 보조하여 수술의 정밀도, 정확도, 편의도 등을 증진합니다.

원격의료 서비스는 정책자금 대상 산업 및 업종에 해당합니다만, 정책자금 이전에 귀사의 사업계획 및 사업실행의 타당성을 우선 정리할 필요가 있습니다.

현재 귀사는 사업 구상단계이므로 직접 정책자금을 조달하기는 어려울 것으로 보입니다. 따라서 산학협력을 통한 R&D 사업의 주관사업자로 우선 활동하는 것을 권합니다. 원격의료 서비스의 세부 첨단기술에 대해서는 추가 검토가 필요합니다.

표 3

후방산업	첨단 수술기기	전방산업
디스플레이	수술 로봇	수술기기를 활용한 (원격) 의료서비스
소프트웨어	레이저, 초음파, 전기 수술기	통신 서비스 등
로봇공학	수술용 내비게이션	의료 진단서비스

자료 출처: 중소기업 기술로드맵(2014~2016)

기타 의견

귀사가 창업하고자 하는 원격의료 서비스는 정책자금 대상에 해당하고, 창업 초기에 운전자금 1억 원 이내에서 보증 상담을 받을 수 있습니다. 다만 현재 귀사의 기술 수준이나 사업계획 등을 면밀히 검토하기 위해 사업전략을 추가 분석할 필요가 있고, 사업에 대한 구체적인 방향과 수익모델을 점검할 필요가 있습니다. 특히 동 서비스를 글로벌 차원으로 확대하고자 할 경우, 해당 국가에 대한 의료 관련 제약사항 등을 먼저 점검할 필요가 있습니다. 사업전략 수립 및 사업계획서 작성 등을 위해 추가 상담이 필요합니다.

09 start up

·· 의약품 해외 진출

상담 내용

귀사는 원격의료 서비스 및 의약품의 중국 시장 진출에 관해 상담하였습니다. 사실 원격의료 서비스보다 의약품 등 구체적인 제품을 가지고 해외시장에 진입하는 것이 보다 현실적이라고 생각합니다. 귀사가 진출을 염두에 두고 있는 중국 창춘신구(长春新区)를 중심으로 최근 중국의 동향을 분석하고자 합니다. 지린성(吉林省) 창춘신구는 중국의 17번째 국가급 신구로, 동북지역에 새로운 경제적 활력을 불러놓고 있습니다. 국가급 신구는 국가의 발전과 개혁개발을 위해 전략적 임무를 담당하는 특구로서, 경제발전 조건이 양호한 지역에 중앙정부인 국무원에서 지정 설립합니다.

지린성 창춘신구는 2016년에 정식 지정되어, 중국의 신 경제권 구상인 일대일로(육·해상 실크로드) 추진과 노후 공업기지를 진흥시키는 주요 거점으로 발전하고 있습니다. 향후 계획에 따르면 중국은 창춘신구를 2020년까지 인구 1백만 명의 경쟁력 있는 산업 및 연구 중심지로 만들고, 동북 3성의 진흥전략을 위해 대규모 투자를 결정하였습니다. 창춘신구의 10대 산업단지에는 첨단장비 제조업 단지, 우주항공 산업단지, 빅 데이터 산업단지, 신재생에너지 자동차 산업단지, 바이오의약 산업단지, 농업식품안전 산업단지, 임공 산업단지, 친환경건강 산업단지, 국제교육정보 산업단지, 일반항공 산업단지 등이 있습니다. 귀사가 추진하고자 하는 의약품은 바이오의약 산업단지에 해당합니다.

  창춘신구는 국가급 하이테크 산업 개발구와 선진 장비 제조, 바이오 제약, 신에너지, 현대 서비스업 등 튼튼한 산업기반을 보유하고 있고, 국가급 자동차 전자산업 기지와 국가 특허 항법(航法) 산업발전 실험구, 국가급 문화와 과학기술 융합 시범기지 및 아시아주 최대의 백신 생산기지를 보유하고 있습니다. 특히 지린성은 동북아시아와 러시아 극동지역과 합작해 창춘 진흥 종합 보세구역 세관 운영, 동북아 국제 물류단지, 창춘 철도 종합화물 하차장 프로젝트 등을 합작해 추진할 것으로 보입니다. 또한 동북아 각국과 산업단지를 공동으로 구축해 물자 인력이 국가 경계를 뛰어넘어 효율적으로 이동할 수 있도록 함으로써, 창지투(長吉圖) 지역의 통합 발전을 이끌고 두만강 지역의 협력수준을 전면 제고시키려는 계획을 가지고 있습니다 [자료 출처: KOTRA 해외시장뉴스(2017.01.) 외].

  그러나 상기 창춘신구의 많은 장점에도 불구하고, 중국 진출에 필요한 기본적인 검토사항을 추가로 분석할 필요가 있습니다. 또한 최근 한국기업이 가지고 있는 중국 정부에 대한 정치적 신뢰성 부분도 연구할 필요가 있습니다. 코트라(KOTRA, Korea Trade-Investment Promotion Agency) 등 해외공관 등의 추가 정보를 바탕으로 한 심층 분석이 필요합니다.

기타 의견

귀사가 중국 진출을 염두에 두고 있는 지린성 창춘신구를 중심으로 상기와 같이 최근 동향을 정리하였습니다. 중국 진출은 그 장점에도 불구하고 지역별, 업종별, 기업 규모별, 투자 목적별, 현지 경영여건 등에 따라 진출 전략을 달리 구사해야 합니다. 귀사의 경우는 의약품과 유관한 업종의 기업들과 함께 바이오의약 산업단지 등에 동반 진출하는 것을 고려해 볼 수 있습니다. 즉, 국내 일정 규범 이상의 유관 업종이 공동 대응한다면, 금전적 시간적 이득과 함께 투자와 R&D 측면에서 유리한 위치를 점할 것으로 보입니다.

10 start up

상담 내용

귀사는 지난번 원격의료 서비스 및 의약품의 중국 시장 진출에 관해 상담하였습니다. 금차에는 원격의료 서비스에 대해 추가적인 심층 상담을 하겠습니다. 귀사는 의료 관련 동영상을 보유하고 있는 것으로 알고 있습니다. 이에 대한 사업화를 더욱 자세히 살펴보겠습니다. 귀사의 의료 동영상을 활용하는 방안은 제4차 산업 분야에 해당합니다. 제4차 산업은 빅 데이터 분석, 클라우드 컴퓨팅, 사물인터넷, 그리고 인공지능 등을 활용합니다.

원격의료는 사물인터넷, 로봇 등과 관련이 있습니다만, 귀사가 하고자 하는 의료 동영상 분야는 빅 데이터 분석, 클라우드 컴퓨팅, 인공지능과 관련이 있습니다. 의료 동영상은 이미지(사진) 형태가 아니고 비디오(동영상) 형태이기 때문에 자료의 처리량이 매우 큽니다. 현재 이미지는 의료분야에서 진단용으로 광범위하게 사용됩니다. 즉, 폐암을 판독한다든지, 피부암의 악성 여부를 95% 이상 정확하게 판독하는 데 쓰입니다. 이렇게 판독할 수 있는 것은 관련된 수만 장의

76

디지털 이미지들을 컴퓨터가 읽고 딥 러닝(Deep learning)을 통해 모델(패턴)을 정립하여, 추가로 들어오는 이미지들을 분석 및 판독하여 정보를 제공하기 때문입니다. 즉, 수많은 이미지를 일정한 디지털 모델(패턴)로 요약하여 활용하는데, 이때 컴퓨터가 자체적으로 학습할 수 있는 기능인 인공지능 딥 러닝 기능을 이용하는 것입니다.

귀사의 동영상은 이미지처럼 판독하여 사업에 이용하기에는 사실상 어려울 것 같습니다. 왜냐하면 수술 장면 등은 의료 행위라는 과정적인 측면으로, 의료 진단과는 연관성이 크지 않다고 볼 수 있기 때문입니다. 그러나 의료 동영상을 인공지능을 통해 모델(패턴)화한다면, 가상현실(VR) 또는 증강현실(AR) 기술로도 활용할 수 있습니다. 즉, 수술행위를 가상현실로 제공하여 의사들이 학습 및 훈련을 하고, 실제 수술상황에서 수술 과정을 순차적으로 지시(Directions)하는 증강현실을 상상해 볼 수 있습니다. 다시 말해서 수술용 안경을 착용하고 환자의 특정 신체 부위에 수술 도구를 가져가면, 신체의 내면이 순차적으로 예측되는 것 등을 예상해 볼 수 있습니다.

기타 의견

인공지능은 빅 데이터를 활용하는 것입니다. 귀사가 의료 동영상이라는 빅 데이터를 가지고 있다면, 이를 사업화하는 것을 구체적으로 구상해 볼 수 있습니다. 그러나 현재의 인공지능 기술은 동영상의 사물을 인식하고 카테고리를 구분하는 단계로, 동영상 행위자들의 맥락을 이해하고 의미를 전달하는 단계의 기술 수준은 아닙니다. 따라서 동영상 저장용량과 처리속도 등 관련 하드웨어 기술이 발전하고, 적절한 알고리즘이 개발되는 시기까지 기다려야 할 것 같습니다.

제조업 창업

제조업 창업은 전통산업의 창업 형태입니다. 우리나라는 제조업이 발달한 국가입니다. 제조업은 산업의 근간을 이룹니다. 아직도 중장년층은 제조업 창업만을 진정한 창업으로 생각하고 있는 듯합니다. 제조업 창업 상담에 응하는 것은 사실 수월치 않습니다. 왜냐하면 제조업 창업은 물리적 형태로 구현되어야 하기 때문입니다. 제조업 창업 단계를 보면, 먼저 제품을 구상하고 디자인하고, 다음으로 제품의 목업(Mockup) 작업, 금형 제작, 사출 작업, 후가공을 거친 후 제품을 패키지화하여 조립 및 포장하게 됩니다.

이렇듯 제조업 창업은 생산단계가 다양하여 단계별로 충분한 경험이 필요합니다. 그리고 단계별로 사업 파트너를 적절히 선정하여 일을 위탁하여야 합니다. 그 때문에 창업자는 각 단계에서 사려 깊은 접근 전략이 필요합니다. 신규 창업자는 제품개발과 더불어 제조된 제품을 판매하는 마케팅 전략도 수립해야 합니다. 모든 단계가 하나같이 처음 해 보는 일들입니다. 특히 구체적인 특허 전략 등에 대해서 전문 상담이 필요합니다. 창업자와 함께 고민한 단계별 상담 내용을 기술하였습니다.

01

start UP

·· 특허 사업화 ― 1차

상담 내용

귀사는 특허 출원한 제품을 사업화하는 방안을 상담하였습니다. 그간 특허 물건을 발명하고 이를 출연하기 위해 노력하신 귀사에 경의를 표합니다. 특허제도는 발명 자체를 보호하고 장려하여 국가산업 발전을 도모하기 위한 것입니다. 즉, 발명 기술을 공개하는 대가로 특허권을 부여한다는 것을 인식할 필요가 있습니다. 귀사가 발명 특허를 통해 지키고자 하는 지적 재산권은 일정 기간이 지나면 공개되는 것으로, 그 기간 이전에 발명 특허의 사업화 등을 통해 이익을 얻을 필요가 있습니다. 따라서 발명 특허의 기술을 지키는 것이 목적이 아니라, 사업화를 통해 수익을 창출하고 산업을 발전시키는 것에 우선 역점을 두어야 합니다.

귀사는 그간 신규 제품을 연구 개발하여 발명 특허를 출원하는데 집중해 왔습니다. 귀사의 특허는 신규성이 있으며 산업에서 이용이 가능하고, 선행기술과 다른 진보성이 있습니다. 이제는 발명 특허를 바탕으로 사업계획을 세우는 것이 필요합니다. 사업을 하기 위해서는 사업자 등록을 하여야 하는데, 업종에 대해 먼저 살펴보겠습니다. 귀사는 상호를 ○○○컨설팅, 업태는 도소매업으로 하였습니다. 귀사가 구두로 설명한 컨설팅은 타사로 하여금 특허 출원한 제품을 만들 수 있도록 도와주겠다는 말씀이었습니다. 이 경우는 컨설팅 계약에 의한 자문수수료를 받아야 할 것이고, 타사가 제품을 생산하여 매출이 발생할 경우 매출액의 일정 부분을 로열티로 받아야 합니다.

귀사가 OEM(Original Equipment Manufacturing) 방식으로 특허 출원한 제품을 만들 경우, 이는 제품의 개발, 금형 제작, 제품 양산, 영업 판매를 직접 수행하는 것으로, 귀사는 제조업에 해당하고 「제조물 책임법」에 따른 조치를 취해야 합니다. 「제조물 책임법」은 시장에 유통되는 상품(제조물)의 결함으로 인하여 그 상품의 이용자 또는 제삼자(소비자)의 생명, 신체나 재산에 손해가 발생한 경우, 제조자 등 제조물의 생산, 판매과정에 관여한 자의 과실 유무에 관계없이(무과실) 제조자 등이 그 손해에 대해 책임을 지도록 하는 법입니다. 그러나 귀사의 사업자등록중에 도소매업으로 되어있는 것을 보면 특허 출원한 제품을 타사가 생산하도록 하고, 이를 매수하여 판매하는 것으로 해석할 수 있습니다.

상담 내용을 정리해 보면, 귀사는 제품을 개발하고자 특허 출원을 해 놓은 상태로 제품 개발이나 제품 생산 이후 양산 및 판매에 대한 사업전략이 구체적으로 설정되어 있지 않습니다. 지금까지 신규 제품을 구상하는 데 치중하였다면, 앞으로는 시제품 생산과 사업화에 역점을 둘 필요가 있습니다. 이제 구체적인 사업계획을 수립하는 것이 필요합니다.

기타 의견

귀사가 그간 발명 특허 출원에 치중하였다면 앞으로 시제품 생산 계획 수립 및 실행이 필요합니다. 시제품 생산은 판매를 전제로 한 것으로, 영업 판매를 하기 위해서는 제품의 표준화가 중요합니다. 제품의 표준화란 시장에서 여타의 관련 제품과 연동하여 적절히 사용되는 것을 말합니다. 귀사의 제품은 바퀴와 상판을 연결하는 브래킷(Bracket)으로, 상판의 하중을 견디고 바퀴의 동작을 원활하게 만드는 것입니다. 따라서 이러한 핵심가치를 잘 구현하는 시제품을 개발하도록 노력해야 합니다.

02 start up

상담 내용

귀사는 바퀴와 수레를 연결하는 브래킷 용품을 제조 및 유통하고자 하는 회사로서 사업계획서 작성에 대해 상담하였습니다. 귀사가 이미 발명 특허를 취득한 제품인 바퀴용 브래킷을 판매하기 위해서는 구체적인 사업계획서가 필요합니다. 다양한 표준 사업계획서 양식이 있습니다만, 무엇보다 중요한 것은 자신만이 가지고 있는 생각을 정리하고 양식 안에 담는 것입니다.

 사업계획서는 추정 재무제표 등 전문적인 내용을 많이 포함하고 있습니다만, 이에 너무 치우치지 마시고 자신만의 사업 내용을 정리하여 작성해 봅니다. 사업계획서에는 제품의 주요 내용, 시장의 현황, 귀사의 기술력과 제품의 경쟁력, 그리고 생산 및 판매계획을 정리해 볼 수 있습니다. 귀사가 제품에 관해 설명한 것에 의하면 귀사의 제품은 기존의 용접된 밑받침 바퀴와는 달리 사출 성형을 통해 대량으로 생산되는 제품입니다. 또한, 기존 제품의 크기가 40㎜에 한정된 것에 반해 50㎜, 60㎜로 다양하고, 모양도 원통형, 사각형, 꺾쇠형,

디근형으로 다양합니다. 이는 귀사가 산업현장 등에서 체험한 다양한 경험을 바탕으로 제품을 설계하였기 때문에, 누구보다도 시장과 고객이 요구하는 제품을 만들 수 있었다고 봅니다.

다음은 시장분석을 해 보겠습니다. 귀사의 제품은 각종 파이프, 앵글, 목재, PVC 등 다양한 재질의 용품과 수레에 모두 장착할 수 있다는 장점이 있습니다. 특히 부착과 탈착이 쉬울 뿐만 아니라 사용자가 다양한 형태로 맞춤 적용하여 사용할 수 있다는 것이 큰 장점입니다. 이는 산업현장에서 물건의 운반과 관련하여 생산성을 향상시키고, 더불어 부가가치를 증가시킬 수 있는 이점을 가지고 있습니다. 그리고 귀사는 국내 발명 특허를 이미 출원하였고, 국제 특허를 진행하고 있습니다. 그러나 대량 판매를 위해서는 투자자 모집 및 대리점 사전 접수 등 세부계획을 수립해야 합니다.

표 4 창업 사업화 지원사업 표준사업계획서

항목	세부항목
일반 현황	- 대표자, 아이템명 등 일반현황 및 제품(서비스) 개요
창업 아이템	- 창업 아이템 소개, 차별성, 개발 경과, 국내외 목표시장, 창업 아이템 이미지 등을 요약하여 기재
1. 문제 인식 (Problem)	1-1. 창업 아이템의 개발 동기 - 창업 아이템의 부재로 불편한 점, 국내·외 시장(사회·경제·기술)의 문제점을 혁신적으로 해결하기 위한 방안 등을 기재 1-2. 창업 아이템의 목적(필요성) - 창업 아이템의 구현하고자 하는 목적, 국내·외 시장(사회·경제·기술)의 문제점을 혁신적으로 해결하기 위한 방안 등을 기재

2. 실현 가능성 (Solution)	2-1. 창업 아이템의 사업화 전략 - 비즈니스 모델(BM), 제품(서비스) 구현 정도, 제작 소요기간 및 제작방법(자체, 외주), 추진 일정 등을 기재
	2-2. 창업 아이템의 시장분석 및 경쟁력 확보방안 - 기능·효용·성분·디자인·스타일 등의 측면에서 현재 시장에서의 대체재(경쟁사) 대비 우위 요소, 차별화 전략 등을 기재

3. 성장전략 (Scale-up)	3-1. 자금 소요 및 조달계획 - 자금의 필요성, 금액의 적정성 여부를 판단할 수 있도록 사업 비[정부지원금+대응자금(현금)]의 사용계획 등을 기재
	3-2. 시장진입 및 성과 창출 전략 - 내수시장 : 주 소비자층, 시장진출 전략, 그간 실적 등 - 해외시장 : 글로벌 진출 실적, 역량, 수출망 확보계획 등
	3-3. 출구(EXIT) 목표 및 전략 - 투자유치: 엔젤투자, VC(벤처캐피털), 크라우드 펀딩 등의 투자처, 향후 투자유치 추진전략 및 방법 등 - 인수·합병(M&A): M&A를 통한 사업확장 또는 출구전략에 대한 중·장기 전략 - 기업공개(IPO): 경쟁력 강화, 투자자금 회수 등을 위한 IPO 중·장기 전략 - 정부지원금: R&D, 정책자금 등 정부지원금을 통한 자금 확보 전략

4. 팀 구성 (Team)	4-1. 대표자 및 팀원의 보유역량 - 대표자 및 팀원(업무파트너 포함) 보유하고 있는 경험, 기술력, 노하우 등 기재
	4-2. 사회적 가치 실천계획 - 양질의 일자리 창출을 위한 중소기업 성과공유제, 비정규직 의 정규직화, 근로시간 단축 등 사회적 가치 실천계획을 기재

기업은 기업의 구성원, 즉 각자의 역할이 있는 직원들로 구성된 조직입니다. 귀사가 추진하고 있는 사업계획은 혼자 진행할 수 없는 다양한 분야로 나누어집니다. 발명 특허를 통해 제품 설계를 마친 것이 대표자의 몫이었다면, 제품을 홍보하고 사무를 볼 수 있는 직원을 저렴한 비용으로 채용하는 계획을 세워야 합니다.

기타 의견

귀사의 제품을 본격적으로 사업화하기 위해서는 아직 넘어야 할 장애물이 많이 있습니다. 먼저 생산자금을 확보하여야 하고, 추가적인 4P 전략을 수립해야 합니다. 4P 전략이란 제품(Product)의 차별화 전략, 가격(Price)을 결정하는 전략, 대리점 등 유통(Place) 채널

을 확보하는 전략, 광고 등을 촉진(Promotion)하는 전략으로, 이 전략
을 세부적으로 수립해야 합니다.

·· 마케팅 4P 전략 — 3차

상담 내용

귀사는 특허 사업화와 관련하여 신규 제품 4P 전략에 대해 상담하였습니다. 4P 전략은 제품(Product)의 차별화 전략, 가격(Price)을 결정하는 전략, 대리점 등 유통(Place) 채널을 확보하는 전략, 광고 등을 촉진(Promotion)하는 전략을 말합니다. 더불어 특허를 이용하여 보증기관에 보증 상담하여 대출을 받는 것을 추가로 상담하였습니다.

4P 전략 중 제품 전략을 먼저 살펴보겠습니다. 상품화하고자 하는 제품의 형태가 4가지(원통형, 사각형, 꺾쇠형, 다근형), 규격에 따른 구분이 2가지(50㎜, 60㎜), 재질에 따른 구분이 2가지(철재, 스테인리스), 하중에 따른 구분이 2가지(경량, 중량)일 때 상품의 종류는 32가지(4×2×2×2=32)가 됩니다. 즉, 사출 성형하고자 하는 금형을 최소 8가지를 제작해야 하므로 시장에서 가장 잘 팔릴 것으로 예상되는 제품을 우선순위를 정해 생산할 필요가 있습니다.

다음으로 가격 전략을 살펴보겠습니다. 귀사의 상품은 신규 특허 제품으로 가격을 비교할 만한 상품이 마땅히 없습니다. 따라서 귀사의 특허 제품인 바퀴받이와 함께 사용되는 운반바퀴와 비교를 하겠습니다. 즉, 귀사의 바퀴받이의 가격을 운반바퀴와 비교하여 가격을 설정해 보겠습니다.

　예를 들어 운반바퀴를 통상 6천 원이라고 가정할 경우, 귀사의 바퀴받이는 2천 원 내외에서 결정하는 것이 좋습니다. 비록 바퀴받이의 생산단가가 5백 원 내외라 하더라도 운반바퀴와 비교하여 가격을 설정할 필요가 있습니다. 귀사의 다소 높은 바퀴받이의 가격은 이를 도소매하는 대리점에게도 유리합니다. 즉, 대리점 입장에서 바퀴받이를 재량껏 할인하여 판매하도록 배려하는 것이 필요합니다. 제품의 생산원가보다 높게 기준가격을 설정하면 할인판매 등으로 판매를 촉진할 수 있습니다. 그리고 초기 생산원가를 계산할 때 특허 비용, 기술료 등의 제반 비용을 확실히 반영할 수 있습니다.

　유통 전략을 살펴보겠습니다. 귀사는 궁극적으로 대리점을 통한 판매를 고려하고 있습니다. 그러나 신규 상품 출시 초기에는 다품종 소량 생산 형태가 될 가능성이 큽니다. 이런 경우 귀사의 상품만을 취급하는 대리점을 확보하기가 어렵습니다. 따라서 신제품 출시 초기에는 온라인 판매를 적극적으로 권합니다. 온라인 쇼핑몰에 입점하기 위해서는 이를 전문적으로 취급하는 중간상인을 활용할 필요가 있습니다. 이들을 이용할 경우 각 온라인 쇼핑몰의 특징 등을 잘 파악하여 효과적으로 시제품을 판매할 것으로 기대합니다. 또한 온라인 쇼핑몰에서 판매할 경우 홍보 효과도 얻을 수 있습니다. 그리고 귀사 제품을 홍보하기 위해 홈페이지를 저렴한 비용으로 구축하고, 제품 또는 대리점에 관한 문의 사항을 접수하는 창구로 활용할 수 있습니다.

기타 의견

귀사는 특허협력조약에 의한 해외 특허 PCT(Patent Cooperation Treaty) 출원을 추진하고 있습니다. 이는 국내 특허를 기반으로 해외에서 출원하는 기간을 30개월 또는 31개월 연장하는 효과를 얻습니다. 즉, 국내 특허 출원한 것을 기반으로 상품을 개발하고 사업화하는 기간을 2년 정도 늘렸다고 보면 됩니다. 연장된 기간 이내에 해당 국가(미국, 중국)에서 해외 특허 출원하는 것은 귀사가 별도로 추진해야 합니다.

04 _{start up} ·· 제품 세분화 전략 ─ 4차

상담 내용

귀사는 제품 생산 구체화 등과 기술사업계획서 작성 등에 대해 상담하였습니다. 생산하고자 하는 제품은 현재 다섯 종류가 되었습니다. 귀사는 현재 제품의 이름과 규격을 정하고, 금형을 제작하기 위한 단계에 와 있습니다. 더불어 추가적인 자금 조달을 위해 보증기관에서 필요한 기술사업계획서를 작성하고 있습니다.

귀사의 제품은 먼저 각 모델의 금형을 제작하기 위해 3D 프린팅이 필요할 것으로 보입니다. 사전에 제작된 3D 프린팅 모델이 실제로 적용이 가능한지 실물에 대한 점검이 필요합니다. 특히 바퀴받이의 밑단의 여유분과 연결되는 수레 등 용적물이 적절히 안착되는지 충분히 테스트해 볼 필요가 있습니다. 금형이 완성되면 일정 수량을 생산하게 되는데, 이 제품이 시장에서 팔릴 가격대를 산정해 보겠습니다. 일반 모델 4개 종류와 특수 모델 1개 종류를 합하여 귀사의 바퀴받이 1개 세트가 구성됩니다. 완성 바퀴받이 제품과 바퀴 4개, 이를 보관하는 상자(일명 공구함), 그리고 홍보비 등을 감안하여 대략 가격을 55,000원으로 산정하였습니다. 월 1천 세트를 판매한다고 가정했을 때, 올해 예상되는 매출액은 3억 3천만 원, 내년도에 예상되는 매출액은 6억 6천만 원으로 산정할 수 있습니다.

이렇게 바퀴받이 세트의 판매가격(Pricing)을 산정해 보는 것은 의미가 큽니다. 이를 통해 생산할 목표와 판매할 목표를 잡을 수 있고, 사업계획서에서 수입금액과 지출금액을 산정해 볼 수 있습니다. 사업계획서상의 매출액 규모는 이 사업에 참여하고자 하는 투자자 또는 대출하는 금융기관에 사업의 근거 자료로 제공할 수 있습니다. 또한, 보증기관으로부터 신용보증서를 발급받을 때 근거 자료로 활용됩니다. 다음으로는 완성된 제품을 판매할 방법을 강구해야겠습니다. 바퀴받이를 판매할 수 있는 온라인 쇼핑몰은 G마켓, 11번가 등 다양합니다. 현재 바퀴받이를 직접 판매하는 업체는 없으므로, 바퀴를 판매하는 업체를 대상으로 비교해야 합니다. 즉, 바퀴가 잘 팔리는 온라인 쇼핑몰을 발굴하는 등 바퀴받이와 가장 근접한 상품과 수시로 비교해서 살펴보아야 합니다.

보증기관에 제출할 기술사업계획서에 대해 살펴보겠습니다. 귀사에서는 이미 잘 작성하였습니다만, 향후 매출 규모 등을 금액으로 표현해야 합니다. 또한 구체적으로 운전자금이 소요되는 근거 금액을 제시할 필요가 있습니다. 그리고 기존에 특허 출원 등을 위해 투입한 금액 등도 정리해서 보증 상담에 대비하기 바랍니다.

기타 의견

귀사가 보증 상담을 위해 직접 준비해야 할 서류는 사업자등록증 사본, 임대차계약서(사업장 또는 거주 주택), 특허 출원 서류, 기술사업계획서, 제품의 샘플 등이 있습니다. 귀사는 금년도에 창업한 기업으로 재무제표 등은 현재 준비할 수 없습니다. 보증기관 담당자는 상담 후 보증을 진행할 때, 추가적인 준비 서류를 안내하게 됩니다. 서류가 완료되면 담당 직원이 일정을 잡아 직접 사업장을 방문하게 됩니다.

05

start up

·· 제품 판매 전략 — 5차

상담 내용

귀사는 정책자금 조달 방안과 제품의 판매 전략에 대해 상담하였습니다. 귀사는 보증기관에서 특허 사업화 자금을 신청하는 상담을 하였습니다. 현재 제품 생산 및 판매가 전무하여 보증실행 가능 여부를 확답받지 못한 것으로 보입니다. 보증기관 담당 직원이 추가적인 검토를 위해 서류의 사본을 받아 놓은 것 같습니다. 보증실행이 가능할 것 같으면 추가 서류를 안내하고, 사업 현장을 방문하는 실사를 진행하게 됩니다.

귀사는 제품 생산 및 매출 실적이 없는 관계로 사업성을 쉽게 입증을 받을 수 없다는 단점이 있습니다. 만약 매출 실적이 일부라도 있는 경우 보증기관 및 금융기관으로부터 대출을 받는 것이 좀 더 수월합니다. 따라서 제품 생산 및 매출 실적을 올릴 방안을 강구해야 합니다. 지금 당장 생산자금과 운전자금을 조달하기 위해서 서울신용보증재단에서 보증 상담을 진행하는 것도 하나의 방법입니다. 이렇게 마련된 생산자금으로 제품을 만들고 일부 제품의 판매계획서를 확보한다면 선수금 등으로 실마리를 풀 수 있습니다. 사실 시제품을 홍보하는 팸플릿 정도는 가지고 있어야 중간 유통업체에 사전 설명이 가능할 것으로 보입니다.

현재 상태로 대리점을 모집하는 것은 다소 어려울 것으로 보입니다. 귀사의 제품이 비교적 저가이고, 대량 생산 및 판매를 통해 수익을 올려야 하기 때문에 귀사의 제품만 단독으로 취급하는 것은 어렵다고 봅니다. 따라서 유사 제품을 취급하는 도소매업체를 발굴하는 활동을 해야 합니다. 도소매업체에 납품하는 중간상을 발굴한다면 제품을 보다 쉽게 유통시킬 수 있을 것으로 보입니다. 초기 사업을 진행하기 위해서는 일정 금액 이상의 자기자본 준비가 필요합니다. 이를 법인에서는 납입자본금이라고 합니다. 초기 운전자금을 자체적으로 조달하게 되면 후속적으로 금융기관 대출받기가 쉽습니다.

기타 의견

시제품을 시각적으로 보여줄 수 있는 홍보자료를 소량 만들 것을 권합니다. 제품 생산이 되지 않은 상태에서 귀사의 제품을 효과적으로 설명할 수 있는 자료가 필요합니다. 아직 시장의 인지도가 부족하기 때문에 저가 판매가 불가피합니다. 보증기관의 보증 가능 여부를 기다리면서, 서울신용보증재단에 소액 범위 내 '시니어 창업 보증' 상담을 진행하는 것도 하나의 방법입니다. 보증기관의 보증서

를 활용하여 대출이 진행되는 상황을 보아가면서, 향후 상담을 진행
하도록 하겠습니다.

06 시제품 제작 — 6차

상담 내용

귀사는 시제품 제작에 필요한 운전자금을 확보하기 위해서 상담하였습니다. 창업 초기 운전자금의 확보는 회사의 사활이 걸린 중대한 문제라고 생각합니다. 이를 위해 우선 자기자본을 확보하고 있어야 하나, 운전자금이 부족한 경우에는 외부 금융기관의 자금을 동원해야 합니다. 보증기관을 통한 보증부 대출을 추진하기 위해서 먼저 기술보증기금을 추천하였으나, 소액 운전자금을 동원하는 방법으로 서울신용보증재단을 통해 보증서를 발급받는 방법을 추가로 소개합니다.

보증기관은 금융위원회 소속 신용보증기금, 중소벤처기업부 소속 기술보증기금, 지방자치단체 소속 신용보증재단이 있습니다. 귀사의 사업장은 소재지가 서울특별시인 관계로 서울신용보증재단(이하 보증재단)을 통해 운전자금 조달을 추진해야 합니다. 보증재단 상담신청서는 홈페이지에서 내려받을 수 있으며, 그 내용으로 기업의 개요와 자금의 성격, 대출과목을 기술하게 됩니다. 그간 상담을 통해 정립된 기업의 내용을 양식에 맞게 작성하면 되겠습니다. 보증 상담이 완료되면, 제출서류 목록을 안내받게 됩니다. 주요 제출서류는 사업자등록증 사본, 사업장 임대차 계약서, 거주 주택에 관한 사항, 금융거래확인서, 납세증명서 등이 있습니다. 이와는 별도로 보증기관의 양식인 기업실태표가 있습니다.

기업실태표에는 기업체 개요, 영업상황, 경영진, 대표자 인적사항, 주요거래처, 외주가공 업체, 향후 판매계획 등의 사항을 기술하게 됩니다. 기업실태표는 보증 담당자가 사업장을 방문했을 때 사실관계를 확인하기 위한 기준 자료가 됩니다. 기업이 제출한 자료를 통해 거주 주택 및 사업장에 권리침해 사실이 없는지, 금융기관 대출금의 원리금 연체는 없는지, 국세 등을 체납하고 있지 않은지 등을 확인하게 됩니다. 창업 상담 과정에서 신청서 및 기업실태표를 실제 작성해 보았으며, 해당 사항이 없는 것은 빈칸으로 남겨 놓았습니다.

귀사의 영업실적이 없는 관계로 지금까지 준비된 내용을 중심으로 보증기관에 귀사를 설명해야 합니다. 특히 기업의 미래 비전을 잘 설명하는 것이 필요하며, 귀사가 산업현장에서 20여 년 동안 종사하였다는 것을 강조할 필요가 있습니다.

기타 의견

귀사의 특허제품을 사업화하기 위해서 시제품을 생산해야 할 단계에 와 있습니다. 특허제품 시제품 생산과 관련하여 한국발명진흥회 등에서 지원하는 정부 지원 제도를 확인할 필요가 있습니다. 한국발명진흥회에서는 3천만 원 이내에서 금형 등 시제품 제작과 관련하여 해당 비용을 지원하는 것으로 알려져 있습니다.

07 start up

특허 전략 ― 7차

상담 내용

귀사는 보증재단으로부터 소액 보증지원을 받아 대출받는 상담을 완료한 상태입니다. 현장 실사방문 후 심사가 완료되면 대출이 실행될 것으로 기대합니다. 세금계약서를 발행할 수 있는 양식을 송부해 드리면서 지적 재산권에 대해 말씀드리겠습니다. 지적 재산권은 저작권, 산업재산권, 신지식재산권으로 구분하며, 산업재산권은 다시 특허권, 디자인권, 상표권, 실용신안권으로 구분합니다. 귀사는 산업재산권 중 특허권(이하 특허)을 취득하고 이를 사업화하고자 생산을 준비 중입니다. 즉, 특허 출원한 것을 제품화하고 이를 영업 및 판매하여 이익을 극대화하고자 합니다. 여기서 중심을 두어야 할 것은 사업화입니다. 사업화란 제품 생산을 통해 수익을 우선 창출하는 것입니다.

귀사는 운반바퀴 브래킷과 관련하여 특허를 취득하였습니다. 따라서 귀사의 신규 제품은 신규성과 진보성을 가졌다고 봅니다. 따라서 이와 관련하여 일정기간(20년) 독점적으로 산업재산권을 인정받

앉다고 볼 수 있습니다. 그러나 귀사의 특허가 몇 가지 구성요소를 가지고 있다고 할 때, 이 중 하나만 변경하여 제2, 제3의 유사 특허 출원이 가능하다는 점을 유의해야 합니다. 즉, 기존 특허를 개량하여 회피 설계를 통해 신규 특허가 출원될 가능성도 있습니다. 귀사가 특허 침해를 받았을 때, 이를 입증하고 구제받고자 민사적, 형사적 수단(심판, 소송, 가처분 등)을 강구하기도 합니다. 따라서 귀사가 적절히 구사할 수 있는 특허 전략을 아래와 같이 기술합니다.

첫째, 특허를 어떻게 등록받았는지가 중요합니다. 특허 청구항에 기재된 구성요소 전부를 모방해야 특허 침해에 해당합니다. 즉, 구성요소 하나만 바꾸어도 특허 침해를 회피할 수 있습니다. 따라서 꼭 필요한 부분을 구성요소로 등록하여 권리 범위를 구축할 필요가 있습니다. 둘째, 특허의 내용과 생산된 제품을 일치시킬 필요가 있습니다. 특허는 제품 자체를 보호하는 수단이 되는 것과 동시에 홍보 수단으로 활용될 수 있습니다. 특허 내용과 제품이 상이한 경우 신뢰도가 떨어질 수 있습니다. 셋째, 단순한 구조의 제품이라도 적극적으로 출원을 시도하여, 여타 업체가 시장에 진입하는 것을 차단할 수 있습니다. 넷째, 귀사의 특허 제품을 개량한 시리즈 특허를 지속해서 출원하여 진입장벽을 만들 수 있습니다. 다시 말해 귀사가 가지고 있는 1개의 특허로는 여타 업체의 진입을 차단하기 어렵습니다. 다섯째, 동업종 업체의 특허 출원 내용을 지속적으로 모니터링할 필요가 있습니다. 이를 통해 경쟁업체가 특허 출원하고자 하는 제품을 예측할 수 있고, 귀사의 특허에 저촉되는 특허 등록에 대해 즉각적으로 대응할 수 있습니다. 마지막으로 특허 침해가 발생할 경우 적극적으로 대응할 필요가 있습니다. 특허 침해에 대응하는 방법으로 권리 범위 확인 심판, 무효 심판 등이 있습니다.

기타 의견

귀사가 특허의 권리자로서 특허 침해 사실을 발견하였을 때, 전화 또는 이메일을 통해 대상자와 접촉하게 되는데 이때는 반드시 기록을 남겨두어야 합니다. 특허 침해에 대해서 경고장을 발송하거나, 침해 여부가 불분명하여 권리 범위를 확인하는 심판을 진행할 수 있습니다. 형사 고소 또는 기소 여부에 따른 민사소송을 진행할 경우, 변호사 또는 변리사 등 법률대리인을 통해 적절한 조치를 받기 바랍니다. 특허를 취득하였다는 것은 특허 출원 내용이 노출되었다는 것을 의미합니다. 특허 회피 설계를 통해 유사 제품들이 생산될 가능성이 있습니다. 특허제품과 관련된 특허분쟁이 발생할 소지가 있으므로 주의를 요합니다.

·· 보증서 담보대출 ─ 8차

상담 내용

귀사는 국제 특허 출원과 관련하여 불만 사항 등을 상담하였습니다. 귀사는 국제 특허 출원 관련 자금지원을 신청하여 불승인되었으나, 불승인에 대한 연락이 없어 국제 특허 관련 기한이 경과될 위기에 있습니다. 국내 특허 출원 후 국제 특허 출원을 하면 당초 국내 특허 출원 일자를 국제 특허 일자로 인정받는 제도를 이용하고자 한 것입니다.

공공기관의 지원제도의 승인 또는 불승인과 관련하여, 해당 사실을 핸드폰이나 이메일로 개별 연락하지 않는 경우가 있어, 해당 사이트의 승인 여부를 수시로 확인하는 것이 필요합니다. 귀사의 경우 국제 특허 출원을 매우 중요하게 생각하고 있어, 불승인 미통지에 대한 귀사의 불만은 이해할 만합니다. 공공기관에서 제시하고 있는 중소기업 지원제도는 한도액을 중심으로 설명하기 때문에, 제시된 최대 금액으로 기대감을 높이는 착시현상이 있습니다. 실질적으로 보증기관에서 제시하는 최고 보증 한도는 매출액 한도와 자기자본 한도를 모두 충족했을 때 지원받을 수 있는 최대 금액을 말합니다.

보증기관은 매출액의 4분의 1에서 6분의 1 범위 내에서 보증지원을 하며, 자기자본의 3배를 초과하지 못합니다. 귀사의 경우 보증재단의 보증지원을 받고 난 후, 매출액 등을 감안하여 기술보증기금(이하 기보)이나 신용보증기금(이하 신보)에서 추가 보증지원을 받을 수 있습니다. 신보에서 보증지원을 받기 위해서는 일정 금액 이상의 매출 실적이 있어야 합니다. 따라서 적합한 추가 보증 상담은 1기 재무제표가 나온 내년도 5월경입니다. 즉, 내년도에는 전년도 매출실적을 가지고 보증 한도를 계산하게 되므로 금년도에 매출실적을 올리는 것이 중요합니다.

보증재단 담당자가 사업장을 방문하고 일체의 서류에 자서 날인하고 복귀하였다면, 보증재단과 관련된 채권서류는 모두 완료된 것입니다. 따라서 보증부 대출을 일으키고자 하는 거래 금융기관을 방문하여 대출서류에 자서 날인을 하게 되고, 약정된 대출금액을 수령받게 됩니다. 앞으로 중요한 것은 대출금의 원리금 상환입니다. 금융기관의 연체 관리는 이자의 경우 3개월, 원금의 경우 1개월이 경과하면 불량 거래로 처리됩니다. 즉, 원리금 연체에 따라 가산 금리의 불이익을 받게 됩니다.

기타 의견

다행스럽게도 보증재단의 보증지원을 받아 금융기관에서 소액 범위 내에서 대출이 이루어지게 되었습니다. 대출금액이 다소 작을 수 있으나, 이는 귀사가 이미 투자한 창업 관련 자금 범위 내에서 보증지원이 이루어졌기 때문입니다. 이제 첫 창업 상담인 특허 사업화부터 보증부 대출 실행까지 완료된 것 같습니다. 부족한 창업 상담이었습니다만, 일부 가시적 성과를 얻었습니다.

·· 보증기관 활용 — 9차

상담 내용

귀사는 서울신용보증재단의 신용보증을 지원받아 소액 대출을 받았고, 이후 기술보증기금의 신용보증을 추가로 지원받기 위해 상담을 진행하였습니다. 지방자치단체에서 운영하는 지역재단의 신용보증을 받고 중앙정부가 상급기관인 기술보증기금(이하 기보) 또는 신용보증기금(이하 신보)에서 보증지원을 받는 것은 맞는 순서인 것 같습니다. 다만 보증기관 영업점을 방문하여 상담하였음에도 아직 아무런 추가 답변이 없어 귀사는 매우 답답해하고 있습니다.

보증기관은 상담을 신청한 기업의 신용상태를 서류 등을 통해 사전 심사를 하게 됩니다. 현재로선 상담직원이 귀사의 신용상태에 대해 확신을 갖지 못한 것 같습니다. 따라서 현재 귀사가 상담한 신용보증 신청의 건이 보류 또는 검토 계류 중에 있는 것으로 보입니다. 만약 귀사의 신용상태가 미진하여 신용보증이 거절로 판정될 경우, 귀사는 어느 정도의 기간이 경과된 후(신용이 긍정적으로 변화될 것으로 예상하는 기간)에 보증 상담을 다시 시도해야 합니다. 따라서 귀사는 신용보증이 거절된 것인지, 단지 검토 보류 중에 있는 것인지를 사전에 파악할 필요가 있습니다.

귀사가 보증기관 영업점을 방문하여 상담하는 것이 다소 불편하시면, 보증기관의 홈페이지를 방문하여 온라인으로 보증 상담을 진행하는 것도 하나의 방법입니다. 즉, 보증기관의 온라인 영업점을 방문하여 보증 상담 내용을 입력하는 것인데, 이 경우는 상담 내용이 전산 기록으로 남게 됩니다. 온라인 영업점을 방문하게 되면, 귀사의 기업 정보를 먼저 입력해야 하고 ID와 PW(Password, 비밀번호)를 부여받게 됩니다. 입력해야 하는 기업 정보는 대체로 사업자등록증에 기술된 내용과 유사합니다. 보증 상담 내용은 운전자금 1억 원 등으로 입력하면 되고, 귀사가 보증기관의 영업점 방문이 어려우시면 현장 방문을 신청할 수 있습니다.

온라인 영업점에 보증 상담을 신청하게 되면, 보증기관 담당자는 입력하신 기업 정보를 바탕으로 신용도를 대략 파악합니다. 이때는 대표자의 연체 여부, 국세 및 지방세 미납 여부, 대출금의 규모 등을 확인하게 됩니다. 또한 실제 사업장의 유무 및 사업 여부 등을 확인하기 위해 전화 또는 방문하여 제반 내용을 파악하게 됩니다.

기타 의견

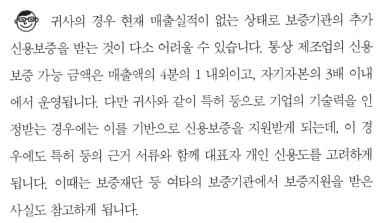 귀사의 경우 현재 매출실적이 없는 상태로 보증기관의 추가 신용보증을 받는 것이 다소 어려울 수 있습니다. 통상 제조업의 신용보증 가능 금액은 매출액의 4분의 1 내외이고, 자기자본의 3배 이내에서 운영됩니다. 다만 귀사와 같이 특허 등으로 기업의 기술력을 인정받는 경우에는 이를 기반으로 신용보증을 지원받게 되는데, 이 경우에도 특허 등의 근거 서류와 함께 대표자 개인 신용도를 고려하게 됩니다. 이때는 보증재단 등 여타의 보증기관에서 보증지원을 받은 사실도 참고하게 됩니다.

10

start up

진흥공단 활용 — 10차

상담 내용

귀사는 보증기관으로부터 추가 신용보증을 받고자 신청했으나, 진행이 원활하지 않은 상태에서 상담을 진행하였습니다. 각 보증기관은 자체 신용평가 시스템을 가지고 있고, 보증 한도별 심사 기준에 의거 기업들을 평가하고 있습니다. 물론 창업 기업에 대한 심사 기준은 다소 완화되어 있다고 볼 수 있습니다만, 기본적으로 기업이 갖추어야 할 신용상태를 심사 기준에 의거 판단합니다. 또한, 심사평가 기준에 의거 점수화된 신용등급을 산정하여 의사결정을 진행하고 있습니다.

귀사의 경우는 점수화된 심사 기준에 못 미쳐 보증 진행이 원활하지 않은 것 같습니다. 특히 예비 창업 상태에서 최초의 보증 상담을 진행하여 귀사의 발전된 현재의 모습을 보여주지 못한 점도 있습니다. 현재는 시제품도 생산하였고, 제품을 양산하는 단계에서 추가 자금이 필요한 상태입니다. 하지만 현장을 확인하지 못한 보증기관은 귀사의 신용상태를 과소평가할 수 있습니다. 상담 과정에서 귀사

스타트업 창업 멘토링

가 문의하신 각 보증기관의 상급기관은 다음과 같습니다. 기술보증기금은 중소벤처기업부, 신용보증기금은 금융위원회, 각 신용보증재단은 지방자치단체가 상급기관입니다. 즉, 서울신용보증재단의 상급기관은 서울특별시입니다.

중소기업을 운영하면서 친숙해져야 할 기관 중의 하나가 중소기업진흥공단(이하 중진공)입니다. 중진공은 「중소기업진흥에 관한 법률」에 의거해 설립되었습니다. 중진공의 중소기업 지원사업은 정책자금 융자, 수출마케팅 지원, 인력양성 사업 등 다양합니다. 특히 정책자금 융자는 기업의 창업기, 성장기 등에 맞추어 제공되고 있으며, 귀사의 경우처럼 창업 및 시장 진입 시기에 필요한 운전자금을 상담할 수 있습니다. 정책자금은 운전자금과 시설자금으로 나누어지는데, 귀사는 자금 용도에 따라 이를 구분하여 융자 상담을 진행할 필요가 있습니다. 공장 등 사업장 마련을 위한 자금은 시설자금으로 상담해야 하며, 이를 운전자금으로 신청하면 자금 소진으로 인해 신청이 조기 거절될 수 있습니다.

즉, 시설자금의 융자는 당해 시설을 기준으로 자금 소요의 타당성을 판단하고, 운전자금은 매출실적 등을 기준으로 자금 소요의 타당성을 판단한다고 보면 됩니다. 따라서 운전자금 상담을 위해서는 일정 수준 이상의 매출실적을 올린 후 운전자금을 상담하는 것이 바람직합니다. 또한 내년도에는 올해의 재무제표를 가지고 심사를 하는 관계로 올해의 매출실적을 계상하는 것이 중요합니다.

기타 의견

중진공은 중소기업 연수사업으로 예비 창업자를 위한 청년 창업사관학교, 컨설팅 지원사업을 시행하고 있어, 성장 단계별로 도움이 될 만한 지원사업을 신청하는 것이 필요합니다. 특히 귀사의 인력양성을 위해 산학맞춤 기술인력 및 산업기능요원을 양성하는 사업 등 추가 정보를 확보하기 위해 중진공 홈페이지 등을 자주 방문할 필요가 있습니다. 정책자금 융자 상담을 위해서는 중진공 지역본부를 직접 방문하게 되는데, 최근 중진공 서울지역본부가 가산 W센터(4층)로 사무실을 이전하였으니 참고하기 바랍니다.

중장년 창업 및
해외 진출

이 책에서는 중장년 창업을 별도의 장으로 나누었습니다. 그만큼 중장년들의 창업 열기가 매우 뜨겁다는 것입니다. 백세(百歲)시대를 맞이하여, 중장년층은 정년퇴직 이후에도 전문지식과 경험을 살려 창업을 하고자 합니다. 이들은 이미 사업의 경험이 있으며, 주변 지인들을 서로 도와주는 형태로 창업을 합니다. 물론 경우에 따라 현실성이 많이 부족할 수도 있습니다. 그러나 중장년들의 열정만큼은 인정해야 합니다. 특히 부동산 공인중개사 등 전문자격증을 이미 준비한 분들은 창업보다 취업을 선택하는 것이 더 적합할 수 있습니다.

중장년 중에는 창업보다 봉사 등 사회참여나 단체 가입 및 활동을 선호하는 경우도 있습니다. 서울특별시 50플러스(50+) 사업과 같이 중장년이 참여하고 활동할 수 있는 여건이 많이 마련되어 있습니다. 이 경우 여가 선용을 넘어 사회의 일원으로 계속 활동할 수 있는 근간이 됩니다. 건강이 허용하는 한 중장년이 가지고 있는 지식과 경험을 계속 사회에 환원할 필요가 있습니다. 이 경우 금전적 이득보다 사회에 대한 봉사하는 마음으로 접근한다면 더 큰 가치를 얻을 것으로 기대합니다.

01
start up

·· 부동산 중개업

상담 내용

귀사는 부동산 공인중개사 창업 및 세무에 대해 상담하였습니다. 귀사는 금융기관에서 다년간 근무하였고 부동산 공인중개사 자격을 취득하고 있어, 기본적으로 이미 창업 준비가 되어 있다고 볼 수 있습니다. 특히 자금 관련 컨설팅을 하면서 부동산 중개를 할 수 있다는 것은 매우 큰 장점이 됩니다. 그 이유는 공장 구입 등 부동산 거래가 있는 경우, 시설자금 등 소요자금에 대한 자문 및 상담을 자연스럽게 제공할 수 있기 때문입니다.

창업의 단계는 사업자등록이 되어 있지 않은 상태의 ① 예비 창업자 단계, ② 간이 또는 일반 사업자로 등록이 되어 있는 개인 사업자 단계, ③ 법인 사업자 단계로 나눌 수 있습니다. 귀사는 현재 예비 창업자 단계입니다. 예비 창업자 단계에서는 다양한 상황에 대해 사전 점검이 필요합니다. 창업을 하는 동기는 먼저 지식(기술) 능력을 갖추고 있거나, 영업(판로) 능력을 갖추고 있거나입니다. 둘 다 없는 경우는 창업을 하지 않는 것이 바람직합니다. 귀사는 현재 내부 역량(지식)을 가지고 있으나, 외부 환경 조성, 즉 영업(판로) 배경이 없는 상태입니다. 일반적으로 매출이 많지 않고 직원이 1~2명인 창업 초기에는 개인 사업자로 등록한 후, 조직이 확대됨에 따라 법인 사업자로 전환하는 것이 바람직합니다.

특별한 방안이 없는 한 부동산 공인중개소는 지역을 기반으로 영업이 이루어집니다. 따라서 기존의 부동산 공인중개소에서 먼저 일해 보는 것을 우선 생각해 볼 수 있습니다. 귀사가 고용자 또는 동업으로 일을 하다 보면 궁금했던 많은 사안이 일시에 해소될 수 있습니다. 그러다 보면 여러 사유로 인해 지역 또는 대상 물건에 따라 개별적으로 영업활동이 가능합니다. 귀사의 경우에는 금융기관 근무경력을 배경으로 자금을 조달하는 방법을 추가로 제공해 줄 수 있습니다.

세무에 관해 말씀드리겠습니다. 조세는 소득에 따라 개인은 개인소득세(소득세, 직접세), 법인은 법인소득세(법인세, 직접세)를 납부하게 되며, 기업이 재화 또는 용역을 판매(공급)한 경우에는 부가가치세(간접세, 이하 부가세)를 공급받는 자로부터 징수하여 납부하게 됩니다. 이밖에 교육세(목적세), 재화가 다른 나라로부터 수입될 때 부과되는 관세 등이 있습니다. 부가가치세는 납세의무자와 세금부담자가 다른 간접세로 모든 재화 또는 용역에 대해 과세되는 일반소비세입니다. 따라서 일반과세자와 간이과세자 모두 부가가치세를 납세할 의무가 있습니다.

기타 의견

간이과세자는 1년 단위로 과세하고, 일반과세자는 6개월 단위로 과세하게 됩니다. 간이과세자는 연간 공급대가(부가세 포함)의 합계액이 4천 8백만 원에 미달하는 개인사업자를 말합니다. 간이과세자로서 연간 공급대가(부가세 포함)의 합계액이 2천 4백만 원 미만인 경우에는 세액의 납부의무를 면제(부가가치세 포함)받습니다. 따라서 귀사의 경우, 개인 간이과세자로 먼저 등록하기를 권합니다.

02 ·· 정년퇴직 창업

start up

상담 내용

귀사는 창업과 관련된 일반적인 사항을 상담하였습니다. 귀사는 장기간 공무원으로 근무하여 노후 준비가 잘되어 있다고 생각합니다. 따라서 청년 예비 창업자들과 달리 창업이 절대적으로 필요한 것 같지는 않습니다. 하지만 지적 또는 육체적 활동 나이로 볼 때, 아직 사회에서 봉사할 수 있는 여지가 많다고 생각합니다. 즉, 큰 자금이 투여되지 않는 사회적기업의 창업이나, 개인 자격으로 봉사할 수 있는 일을 찾는다면 향후 10년 이상 왕성한 활동을 할 것으로 기대합니다.

우선 서울창업허브 또는 서울특별시 50플러스(50+) 활동을 권합니다. 서울특별시에서는 시니어(Senior)를 위한 다양한 사업이 진행되고 있습니다. 서울창업허브의 경우, 창업스쿨, 지식재산권 관련 교육 등 창업과 관련하여 다양한 교육과정이 진행되고 있습니다. 이러한 교육과정을 이수하다 보면 자신의 내부 역량을 발견하게 되고 경제활동의 영역도 정립될 것으로 봅니다. 특히 공무원으로 오랜 기간 봉직한 것은 사회에 다양한 인적 네트워크를 형성하고 있다는 것으로, 젊은 후배들에게 사회의 선배로서 창업을 돕는 역할을 수행할 수도 있습니다.

공덕동에 소재하고 있는 50+재단은 서울특별시 내에 6개의 50+캠퍼스와 5개의 자치구 50+센터를 운영하고 있습니다. '50+'는 50세 초반부터 60세 중반에 해당하는 장년층을 대상으로 합니다. 이들 세대는 몇 가지 특징을 가지고 있습니다. 우선 학력과 소득이 다소 높으면서도 자녀 결혼 등 막바지 비용을 지출하는 것과 함께 갑자기 찾아온 여유 등 생애에 있어 전환기를 맞이하는 시기라는 점입니다. 따라서 서울특별시 50플러스는 생애 재설계를 지원하고, 맞춤형 교육을 통해 재도약의 정보를 제공합니다. 또한, 다양한 커뮤니티를 통해 소통과 만남의 장소를 제공합니다.

귀사가 가지고 있는 재능과 취미를 50플러스라는 일, 배움, 봉사, 복지의 복합공간에서 활용할 수 있다면 큰 시너지를 낼 것으로 기대합니다. 특히 창업, 창직(創職) 그리고 기술교육과 취미활동을 통해 사회에 공헌할 수 있는 일자리를 얻는 경우 큰 보람이 될 것입니다. 또한, 개인의 취향에 맞는 커뮤니티 활동으로 청소년을 위한 인성교육, 어학연수, 독서토론, 동양철학 등에 참여한다면 많은 이야깃거리와 봉사의 기회가 생길 것입니다. 이러한 활동은 삶을 풍요롭게 하고 생활의 활력을 가져올 것으로 기대합니다.

기타 의견

귀사의 공무원 근무경력 등을 고려할 때 코이카(KOICA, Korea International Cooperation Agency) 해외 봉사 등도 검토해 볼 수 있습니다. 해외에 근무한다는 것은 색다른 경험이면서, 금전적 혜택도 있고 봉사활동을 통해 큰 보람을 얻을 수 있습니다. 더불어 정부 및 공공기관의 각종 심사평가위원으로 참여하는 것도 바람직합니다. 특히 현재 사회적 이슈가 되고 있는 재난 안전 분야에서는 새로운 가치관을 전달하는 기회가 될 것으로 보입니다.

03

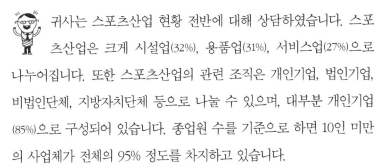

·· 스포츠산업 현황

상담 내용

귀사는 스포츠산업 현황 전반에 대해 상담하였습니다. 스포
츠산업은 크게 시설업(32%), 용품업(31%), 서비스업(27%)으로
나누어집니다. 또한 스포츠산업의 관련 조직은 개인기업, 법인기업,
비법인단체, 지방자치단체 등으로 나눌 수 있으며, 대부분 개인기업
(85%)으로 구성되어 있습니다. 종업원 수를 기준으로 하면 10인 미만
의 사업체가 전체의 95% 정도를 차지하고 있습니다.

최근 생활 수준 및 소득 수준의 향상과 고령화 사회로 접어들면서
스포츠산업에도 변화가 생기고 있습니다. 과거에는 가난한 가정의
젊은이가 어려움을 극복하고 스포츠 스타로 부상하는 것이 사회적
이슈가 되었지만, 현재는 스포츠를 즐기면서 자신의 정체성(Identity)
을 표현하는 수단으로 이용하고 있습니다. 따라서 스포츠산업을 개
척해야 할 '신성장 동력'으로 인식하는 것이 중요합니다.

스포츠산업의 활성화를 조성하고 신성장 동력으로서의 인식을 제

고하기 위해서는 다음과 같은 세부 실천과제들을 발굴해 볼 필요가 있습니다.

① 국민 건강을 위한 생활체육 활성화(배드민턴, 자전거, 등산 등), ② 매스미디어를 활용한 분위기 조성(낚시 방송, 장애인 체육 등), ③ 스포츠 스타의 지원 육성(골프, 축구, 야구, 배구 등), ④ 스포츠산업 청년 스타트업 육성(액셀러레이터를 통한 지속 지원), ⑤ 지자체의 동호인 클럽 중대 육성, ⑥ 공공 실내 시설물의 대중 개방, ⑦ 스포츠지도사의 분야별 육성(전문선수, 유소년, 장애인, 노인 등), ⑧ 중장년 건강 증진을 위한 취미 스포츠 육성(당구, 걷기, 낚시 등), ⑨ 게임을 E-스포츠(Electronic sports) 산업으로 인식하고 활성화 지원, ⑩ 기업의 스포츠 지원에 대한 세제 혜택 등입니다.

스포츠산업 영위 기업의 차원에서 영업력을 확대하기 위해서는 ① 전문 인력 확보, ② 신규 브랜드 및 제품 개발, ③ 홍보 및 마케팅 강화, ④ 내수시장 확대, ⑤ 해외시장 진출 등의 방법이 있습니다. 현재 서울특별시 및 경기도가 국내 스포츠산업 전체의 55%를 차지하고 있습니다. 따라서 수도권 소재 기업들은 글로벌 시장 진출에 대한 전략을 수립하고, 지방 소재 기업들은 국내시장 활성화를 위한 분위기 조성 및 역량 강화에 집중하는 차별화 전략도 필요합니다.

기타 의견

스포츠산업은 제4차 산업혁명과의 연관 관계를 검토해 볼 수 있습니다. 최근 축구, 야구 등 스포츠에서 빅 데이터 분석을 진행하는 것은 일반화되었습니다. 월드컵 축구, 야구, 테니스 경기 등에서 볼 수 있듯이, 대부분 VR(가상현실), AR(증강현실) 기술을 도입하고 있습니다. 또한 경기 영상을 즉각적으로 분석하여 실점인지 득점인지를 바로 판별하고 있습니다. 한국의 우수한 ICT(Information and Communication Technology, 정보통신기술)를 활용하여 경기력을 향상시키고, 경기관리의 효율성과 효과성을 높이는 사물인터넷(IoT), 인공지능(AI), MR(혼합현실) 등을 활용한다면, 스포츠산업 분야는 또 하나의 창업 기회가 될 것입니다.

04 start up

·· 고분자물질 사업화

상담 내용

귀사는 나노 셀룰로오스(Nano cellulose, 이하 나노셀)의 사업화에 대해 상담하였습니다. 귀사가 말씀하시는 나노셀은 현재다양한 산업분야에서 사용되고 있습니다. 나노셀은 나무라는 자연에서 얻어지는 고분자 물질로, 기계적 강도와 생분해성 등 많은 장점을 가지고 있습니다. 우수한 기계적 성질, 투명한 광학적 성질로 인해 식용, 의약용, 그리고 화장품용으로 널리 이용될 수 있습니다.

나노셀은 리튬이온 전지용 분리막, 디스플레이, 태양전지, 전자종이, 센서 등에도 이용이 가능하다고 합니다. 나노셀을 추출하는 방법은 크게 기계적 처리 생산방식과 화학적 처리 생산방식으로 나눌수 있습니다. 기계적 처리 생산방식은 생산기반시설을 확충하는 데많은 설비투자 비용이 소요될 것으로 보입니다. 화학적 처리 생산방식은 기계적 방식에 비해 저렴할 것으로 보입니다만, 화학적 유해성을 없애고 인체에 무해하다는 것을 입증해야 합니다. 다만 화학적 처리 생산방식은 모방 가능성이 높아 생산기술의 보안을 철저히 유지해야 지속적인 비교 우위를 확보할 수 있습니다.

　귀사가 목표로 하는 나노셀을 사업화하는 방안을 살펴보겠습니다. 귀사의 나노셀 제품의 재질은 물 또는 기름과 친화력이 있고 보습효과가 뛰어나, 제품의 핵심가치를 지니고 있다고 생각합니다. 다만 나노셀 성분은 소량 첨가하는 탓에 주원료가 아닌 첨가물 정도의 역할을 하게 됩니다. 그럼에도 천연재료 나노셀이 들어있는 제품을 브랜드화하는 것은 가능할 것으로 보입니다. 귀사가 제품을 생산하는 방식은 OEM 방식과 ODM 방식으로 나눌 수 있습니다.

　OEM(Original Equipment Manufacturing) 방식은 귀사가 원료 제조업체에게 귀사의 상표를 부착하여 판매할 상품을 제조하게 하는 것으로 주문자 상표 부착 생산방식을 말합니다. ODM(Original Development Manufacturing) 생산방식은 주문자가 제조업체에게 제품 생산을 위탁하면, 제조업체는 이를 개발, 생산, 납품하고, 주문자는 이를 유통, 판매하는 방식을 말합니다. 귀사는 OEM 생산방식으로 제품을 생산하여 유통하는 전략을 구사할 수 있습니다.

기타 의견
　귀사가 나노셀룰로오스를 첨가하여 OEM 생산방식으로 제품을 생산하는 경우, 마케팅 등 여타의 사업내용을 귀사가 모두 총

괄 기획해야 하며, 유통 판매 영업에 있어 조직을 유지하기 위한 자금계획 등을 면밀히 수립해야 합니다. 물론 이에 대한 부담을 완화하기 위해서 다른 제조업체와 전략적 제휴를 취할 수도 있습니다. 이 경우 제휴업체와 이득을 공유하는 방안을 충분히 연구해야 합니다. 상담 내용의 보안유지를 위해 구체적인 제품의 종류와 명칭은 생략하였습니다.

05 ·· 기업분할 투자전략

상담 내용

귀사는 신규 투자 창업에 대해 상담하였습니다. 귀사가 상담한 것을 요약하면, 지방에 공장을 가지고 있는 ○○개발㈜이 A사, B사, C사로 분할되는 과정에서 C사로부터 투자요청을 받은 경우에 해당합니다. ○○개발㈜은 현재 기존의 경영권을 유지하고, 매출 증가에 따른 원자재 구매 등을 위해서 일시적으로 많은 운전자금이 필요합니다. 더불어 C사는 귀사에게 투자를 요청하고 있습니다.

기업의 자금 조달 방법은 크게 ① 단기 자금 조달, ② 장기 자금 조달, ③ 회사채 발행, ④ 투자 유치 등이 있습니다. 자금을 조달하는 기업의 입장에서는 역순으로 부담이 적다고 할 수 있습니다. 즉, 금융기관으로부터 단기 자금을 조달하는 것이 투자를 유치하는 것보다 쉽다고 볼 수 있습니다. 손쉽게 단기 자금을 조달하는 방법은 보증기관으로부터 신용보증서를 발급받아 은행으로부터 대출을 받는 보증부 대출이 있습니다. 이 경우 금융 차입에 따른 이자를 은행에 지급해야 하므로 자금부담이 생길 수 있고, 부채비율이 증가하게 됩니다. 투자를 유치하는 것은 경영권이 수반되는 주식을 발행하거나, 기존 주식을 인수하게 하는 것을 말합니다. 주식을 취득하게 되는 투자자는 투자의 리스크를 가지게 되지만, 배당금을 받을 수 있고 기업의 경영권을 일부 얻을 수 있습니다. 특히 법인이 상장(IPO, Initial Public Offering)되었을 때 큰 투자 수익을 얻게 됩니다.

귀사의 경우 투자 요청회사에 주식을 취득하는 것을 목적으로 투자를 하는 것인지, 자금을 대여하는 형식인 사채(私債)로 진행하는 것인지 구분할 필요가 있습니다. 자금을 대여하는 경우에는 대여 리스크로 인해 높은 이자를 요청할 수 있으나, 대여금의 원리금 회수 및 담보권 보전에 따른 위험이 존재합니다. 즉, 대여 형태의 사채(私債)를 제공하는 경우에는 자가 사업장 또는 대표자 거주 주택에 근저당권을 설정하거나, 소유권 이전 가등기를 취함으로써 채권보전 조치를 취할 수 있습니다. 그러나 자가 사업장이 없거나, 대표자의 거주 주택에 과도하게 근저당권이 설정되어 있는 경우에는 담보보전의 실효성이 떨어집니다. 주식 취득 조건으로 투자를 하는 경우에는 주식 취득을 통해 경영권 참여는 물론, 배당에 의한 수익이 발생할 수 있습니다. 이때 투자 주식에 대한 배당금 등을 사전 약정해 놓는 방안을 강구할 수 있습니다. 즉, 적절한 판단을 통해 실효성 있는 투자수익 창출 방안을 강구할 필요가 있습니다.

기타 의견

귀사가 C사에 투자를 하기 위해서는 재무적, 비재무적 기업의 가치를 나름대로 평가해 볼 필요가 있습니다. 먼저 C사의 실체는 무엇인지, 자산가치가 얼마나 되는지, 대표자의 신용은 있는지, 특허권 등 지적 재산권을 보유하고 있는지 등을 충분히 검토해야 합니다. 귀사가 투자와 관련하여 세부 논의사항이 있는 경우 추가 상담이 필요합니다.

06 start up

·· 사업본부 분할전략

상담 내용

귀사는 현재 개인유통 A를 잘 운영하고 있고, 법인유통 C 또는 개인제조 B의 설립 등을 논의하기 위해 상담하였습니다. 즉, 귀사는 그간 개인유통 A를 성공적으로 운영하여 추가 법인 등을 창업하고자 검토하고 있습니다. 추가 법인을 창업하고자 검토하는 배경에는 그간의 사업 경험을 바탕으로 그 필요성을 몸으로 인식하고 있기 때문입니다. 즉, 추가적인 사업 방향을 다각도로 타진하고 있는 상태입니다. 개인유통 A는 경영에 관한 대표의 지식과 특별한 감각을 통해 성공적으로 운영되고 있습니다. 현금 창출이 잘되고 있는 상태에서 사업의 다각화는 매우 바람직한 것으로 보입니다. 다만 경영전략을 수립할 때 교과서적이긴 하나, 각종 수행절차 또는 분석 툴(Tool)을 가지고 이를 검토해 볼 필요가 있습니다.

일반적으로 경영전략 수립은 외부환경 분석, 내부환경(내부역량) 분석, 개선방안(또는 문제점) 도출, 중장기 비전 설정, 중장기전략 로드맵 수립, 전사적 실행계획 수립, 세부 실행계획 수립 등의 절차로 진행됩니다. 법인유통 C의 설립은 개인유통 A의 매출 증가에 따른 안배 차원이라고 가정하고, 개인제조 B는 HACCP(Hazard Analysis and Critical Control Point, 안전관리인증기준) 시설을 통해 식품안전이 확보된 임가공 처리가 목적이라고 가정하겠습니다. 개인유통 A의 매출 증가에 따라 법인유통 C를 설립하는 것은 바람직한 것으로 보입니다. 특히 수산물 유통업에서 이런 형태가 많은 것 같습니다. 그러나 현재 귀사가 창업하고자 하는 개인제조 B는 개인유통 A와 같은 개인기업입니다. 향후 회계보고를 같이해야 하는 개인기업으로 제조사업부와 유통사업부 형태라고 볼 수 있습니다. 즉, 회계 처리적인 측면에서 같은 회사이기 때문에 관리상의 복잡성으로 인해 사업부 형태로 유지해야 할 것 같습니다. 특히 외부 유관기관에서 개인제조 B를 제조업체라고 보는 것에 대해 논란이 있을 수 있습니다.

경영전략 수립과 관련하여 논의하겠습니다. 외부환경 분석으로는 파이브 포스(5 FORCES) 분석이 있습니다. 즉, ① 신규 진입자 위협, ② 기존 경쟁자 위협, ③ 공급자(구매처) 교섭력, ④ 대체재 위협, ⑤ 구매자(판매처) 교섭력 등을 검토하는 것입니다. 이와 관련하여 시장의 역학관계에서 사업 방향을 찾는 세부 검토사항으로는 산업의 성장성, 브랜드 인지도, 제품의 차별성, 유통망, 대체재 존재 여부, 대체재 전환비용, 경쟁의 집중도와 균형 등이 있습니다. HACCP(안전관리인증기준) 시설을 갖추고 식품을 유통한다는 것은 소비자에게 매우 강력한 의미를 부여합니다. 즉, 소비자에게 유통되는 식품을 취급하는 과정에서 생물학적, 화학적, 물리적 위해(危害) 요인을 과학적으로 분석, 차단하고, 소비자에게 안전한 제품을 공급하는 것을 의미합니다.

기타 의견

시장에서 식품유통 문화를 선도적으로 개선하는 것이 귀사의 미션입니다. 구체적인 경영전략 수립을 위해 시기적절한 경영 컨설팅을 진행하는 것을 권장합니다. 컨설팅 결과가 귀사의 기대에 다소 못 미치더라도 일단 글로 정리된 사업계획서를 가지고 있으면, 귀사가 수시로 경영전략 방향을 용이하게 재점검할 수 있습니다. 보증기관은 보증거래기업을 대상으로 경영전략 등의 경영 컨설팅을 제공하고 있습니다.

❖ 우리나라는 수출로 국가의 부를 키워왔다고 해도 과언이 아닙니다. 지금도 수출 지향적 정책은 계속되고 있습니다. 수출의 형태는 조금씩 다변화되고 있습니다. 제품 수출에서 ICT 등 서비스 수출도 이루어지고 있습니다. 그동안 중국과 미국에 치중했던 수출은 동남아, 남미 등 지역의 다변화를 모색하고 있습니다. 혹자는 중국 시장을 국내시장처럼 보자는 의견도 있습니다. 그러나 중국 시장은 어느 국가만큼이나 국가적 리스크가 크다고 볼 수 있습니다. 같은 중국이라도 도시 등 지역별로 큰 차이가 있습니다.

중국 진출에 있어 생산과 기술은 한국이 보유하고, 영업과 마케팅은 중국이 수행하는 것이 바람직한 전략인 것 같습니다. 아시아를 부상하는 마켓이라고 합니다. 특히 서남아시아는 우리나라에 또 하나의 기회를 줄 것으로 기대합니다. 따라서 인도, 파키스탄, 스리랑카 등에 진출하는 것을 적극적으로 모색해야 합니다. 외국계 기업들에 대한 정책이 아직 정비되지 않은 남아메리카도 적극적으로 진출하여 시장을 확보할 필요가 있습니다. 해외로 진출하는 창업 기업들의 사례를 기술하였습니다.

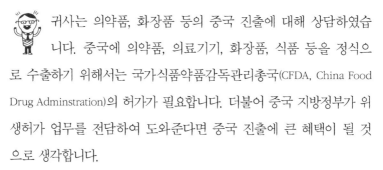

07 start up

·· 중국 진출 — 1차

상담 내용

귀사는 의약품, 화장품 등의 중국 진출에 대해 상담하였습니다. 중국에 의약품, 의료기기, 화장품, 식품 등을 정식으로 수출하기 위해서는 국가식품약품감독관리총국(CFDA, China Food Drug Adminstration)의 허가가 필요합니다. 더불어 중국 지방정부가 위생허가 업무를 전담하여 도와준다면 중국 진출에 큰 혜택이 될 것으로 생각합니다.

특히 한국산 의약품, 화장품을 중국으로 수출하는 경우, 위생허가증을 취득하는 것이 필수적입니다. 화장품의 경우 뷰티숍을 대상으로 하여 소매상 형식으로 영업활동을 일부 하기도 합니다만, 비합법적인 방법으로 위생허가 없이 중국에서 영업하는 경우 장기적으로 볼 때 실패할 확률이 높습니다. 중국에서 위생허가를 취득하기 위해서는 적어도 평균 6개월 정도의 수속기간이 필요합니다. 특수한 품목의 경우에는 1년 이상의 기간이 소요됩니다. 따라서 위생허가증을 직접 신청하는 것보다 중국 대행업체를 활용하는 편이 유용하고 비용도 적게 듭니다. 이때, 적합한 대행업체를 선정하는 것이 중요합니다. 즉, 최근 3년간 가장 많이 허가를 받은 3~4개 업체를 선정한 후, 귀사가 신청하고자 하는 품목에 대해 경험이 풍부한 업체를 최종적으로 선택하는 것이 필요합니다. 근거 없이 요란하게 광고를 많이 하는 대행업체나, 꽌시(关系)를 활용하면 단기간에 위생허가 취득이 가능하다고 홍보하는 대행업체 등은 경계할 필요가 있습니다.

중국의 식약청은 그간 비리로 많은 공무원을 처벌하여 왔습니다. 지금은 매우 합리적이고 원칙에 입각하여 업무를 처리하는 문화가 정착되었다고 봅니다. 업무처리가 매우 투명하게 진행되므로, 허가취득이 불가능한 품목을 허가받는 것 자체가 불가능하다고 생각하면 됩니다. 특히 인맥을 통한 접근은 주의가 필요하며 성사의 가능성 또한 매우 낮다고 봅니다. 위생허가증을 신청할 때는 중국 내에서 이를 책임지는 재중책임회사가 필요합니다. 즉, 위생허가증은 재중책임회사를 통해서 신청하고, 그 재중책임회사는 허가한 상품에 대해서 문제가 발생하면 연대하여 책임을 지는 것입니다. 재중책임회사가 없으면 식약청 허가신청이 불가능합니다. 일반적으로 재중책임회사로는 제조판매업자의 중국지사, 총대리상, 법률사무소 등을 지정하게 됩니다. 간혹 위생허가 대행업체를 재중책임회사로 지정하는 경우가 있으나, 향후 문제가 발생하면 상황을 더욱 악화시키므로 이를 절대 피해야 합니다.

기타 의견

중국에 지출하고자 하는 우리나라 기업은 중국 기업에 대한 신뢰가 부족하여 독자 진출을 선호합니다. 그러나 중국 내수시장에 대한 마케팅 경험이 풍부한 사업파트너를 얻는다면 천군만마를 얻는 것과 같습니다. 파트너를 통해 문화의 차이, 상관습, 지방 보호주의 등의 장벽을 뛰어넘을 수 있습니다. 특히 동종 생산업체를 투자 파트너로 선정해 함께할 경우 인재조달, 노무관리, 원부자재공급, 유통망, 중국은행 이용 등의 측면에서 유용할 것입니다.

08

·· 중국 진출 — 2차

상담 내용

귀사는 중국 시장 진출과 관련한 전반적인 경영전략 방향을 상담하였습니다. 해외 진출을 위해서는 거시 환경 분석인 'PEST 분석'을 하게 됩니다. 최근에는 2가지 항목이 추가되어 'PESTEL 분석'을 하게 됩니다. PESTEL 분석은 정치(Political), 경제(Economic), 사회문화(Social), 기술과학(Technological), 환경(Environmental) 그리고 법률(Legal) 측면의 분석을 말합니다.

대략적인 PESTEL 분석을 하겠습니다. 중국은 2018년도에 경제성장률 6.5% 내외 유지를 전망하고 있습니다. 중국경제는 소비가 안정적으로 성장하고 수출이 확대될 전망이지만, 고정투자가 둔화되어 경제성장률이 다소 낮아지고 있습니다. 중국의 2018년도 주요 이슈는 제4차 산업혁명 시대의 핵심정책으로 내세운 '중국제조 2025'와 '인터넷 플러스' 정책입니다. 이 시점에서 중국의 산업 업그레이드와 우리 기업의 경쟁력을 결합하는 상생 비즈니스 모델을 구축할 수 있는 여지가 있습니다. 특히 일대일로와 슝안신구(雄安新區) 등 국책 프로젝트 및 친환경, 녹색성장 추진에 따라 우리 기업의 비즈니스 기회가 확대될 것으로 예상됩니다. 중국 정부의 중장기 하드웨어 업그레이드 정책은 10대 전략산업의 육성과 차세대 IT/자동차/첨단장비 하드웨어 혁신을 통해 제4차 산업혁명 경쟁력 확보 의지를 구현하고, 노동집약적 제조 방식에 ICT 기술을 접목, 품질 및 브랜드 가치 향상, 환경 보호 등 질적 성장을 도모하며, 스마트공장, 녹색제조 등 10대 유망산업 육성 정책을 병행하고, 민관협력을 통해 기존 정부 중심에서 시장 중심으로 경제구조 전환을 도모하고 있습니다.

더불어 귀사가 관심을 가지고 있는 화장품 분야에 대해 대략적으로 설명해 드리겠습니다. 중국은 2013년 이후 미국 다음으로 세계 제2위의 화장품 소비시장으로 부상하고 있으며, 2011~2015년 동안 화장품 소매시장이 연 20.6%씩 급성장하였습니다. 소매시장 규모는 2016년도를 기준으로 6천억 위안 수준이고, 2017년도에는 7천억 위안으로 예상됩니다. 중국 온라인 쇼핑 시장의 폭발적 성장과 더불어 화장품 온라인 거래도 증가 추세에 있습니다. 최근에는 30~40% 정도의 화장품 소비가 온라인에서 발생하고 있습니다. 중국 화장품 시장에서는 과거 10년 동안 중국과 한국 기업의 점유율이 상승세에 있으나, 최근에는 화장품 시장에 대한 정부의 관리·감독이 강화되고 있는 추세입니다. 중국 국가식품약품감독관리총국(CFDA)은 중금속 함유량을 엄격하게 제한하는 '화장품안전기술규범'을 2016년 12월 1

일부터 시행한 바 있습니다. 따라서 중국 진출은 매우 적법한 방법을 동원해서 진출해야 합니다.

기타 의견

중국 정부는 외환 유출 방지 및 해외투자 규제를 실시하고 있습니다. 자본유출을 방지하기 위해 개인의 해외송금 및 기업의 해외투자를 규제하고, 중국 외환관리국은 개인별 연간 환전 가능 상한액을 5만 달러로 엄격히 제한하고 있습니다. 또한, 중국 기업의 해외투자 가이드라인을 발표하였는데, '제한', '장려', '금지' 부문으로 구분하여 통제하고 있습니다. 결론을 말씀드리자면 중국 진출과 관련하여 정치경제 상황 등이 계속 변화하고 있다는 것입니다. 따라서 기술과 생산을 우리 기업이 담당하되, 영업과 판매를 중국기업에 일임하는 방향으로 전략을 수립할 필요가 있습니다.

·· 동남아 진출(제조업)

상담 내용

귀사는 ① 정책자금 조달 방안과 ② 해외 현지 법인 설립에 관해 상담을 진행하였습니다. 귀사의 사업내용은 OEM 방식으로 산업용 드론(무선 무인항공기)을 생산하여 해외(동남아)로 수출하는 것과 드론 조작과 관련한 온라인 강좌를 제공하는 것입니다. 특히 간편하게 조작이 가능한 드론 조정기는 통상 2명에 의해 조작해야 하는 한계점을 극복하는 획기적인 기술이라 생각합니다. 고무적인 것은 동남아시아의 유수의 기업과 드론 납품계약을 체결한 것입니다.

드론 관련 온라인 강좌를 수출하는 것은 글로벌 전략으로 매우 고무적인 일입니다. 다만 드론의 대량생산과 관련하여 생산자금을 마련하는 것이 급선무입니다. 귀사는 이미 기술보증기금(이하 기보)에서 보증지원을 받은 상태로, 이 보증을 신용보증기금(이하 신보)으로 전환할 경우, 기보 보증 전액을 상환해야 하는 어려움이 있습니다. 또한 보증기관은 제조업에 대해 연간 매출액의 3분의 1 또는 4분의 1 범위 내에서 보증 한도를 운영하고 있어, 매출액이 전무한 귀사의 경우 추가 보증 상담이 어려울 수 있습니다. 기보에서 신보로 보증거래를 전환하는 것은 추가 보증을 지원받는 것이 목적이므로 적절한 시점을 살펴야겠습니다.

통상적으로 보증기관은 창업 초기 기업에 대해 1억 원의 보증지원 후 매출실적에 따라 3억 원 또는 5억 원 정도로 증액 보증을 하는 추세입니다. 보증 한도 산정방식과 심사 기준표의 영향으로 인해 보증지원 금액의 한계가 생기는데, 귀사의 경우 적절한 추가 보증 시기는 하반기 매출실적이 있는 상태에서 결산을 완료한 내년 3월경이 적기라고 생각합니다. 다만 특허 등 지적 재산권을 다수 보유하고 있는 상태에서, 하반기 중 3억 원(기존 보증금액 포함) 정도의 추가 보증 상담을 시도해 볼 수는 있습니다.

기타 의견

😎 동남아 수입업체는 현지 신규 법인을 설립하는 것을 선호합니다. 이럴 경우 수입업체는 현지 신규 법인과 거래를 하므로, 거래의 편의성을 얻을 수 있습니다. 이럴 경우 귀사의 수출 상대 업체는 현지 신규 법인이 대상이고, 그 현지 신규 법인은 한국으로부터 드론을 수입하여 판매하는 격이라 해당 국가의 국내법 지배를 받게 됩니다. 즉, 실제 동남아 수입업체는 국내 거래에 해당하여 수출에 따른

위험부담을 해소하는 반면에, 현지 신규 법인은 해당 국가의 국내법에 따른 각종 세금을 납부하여야 합니다. 그리고 귀사가 현지 연락사무소를 설치하는 경우에는 동남아 수입업체에 직접 수출하는 형태가 되므로 한국의 각종 수출지원 정책 등의 혜택을 받을 수 있습니다. 따라서 현지 신규 법인을 설립하여 현지화 전략을 취할 것인지, 귀사의 연락사무소만을 설치하는 전략을 취할 것인지에 관한 추가 검토와 상담이 필요합니다.

10 ··남아메리카 진출(서비스업)

start up

상담 내용

귀사는 해외 현지 법인 설립 및 국내 귀사와의 세무회계에 대해 상담하였습니다. 통상 해외 직접투자를 통해 외국의 법령에 의해 해외에 설립되는 법인을 해외 현지 법인이라 하며, 투자 형태는 주식 또는 출자지분의 취득 등을 통해 이루어지고 있습니다. 상담시간이 다소 짧은 관계로 귀사의 해외 현지 법인 설립에 관한 진행 상황을 잘 파악하지 못하였습니다. 따라서 귀사는 주식 지분 51% 이상을 취득하는 조건으로 해외 현지 법인을 설립하는 것이라고 가정하겠습니다.

귀사의 사업 방향은 한국형 배송 서비스라는 사업 아이템을 가지고 남미에 진출하는 것입니다. 귀사가 이미 파악한 대로 매력적인 비즈니스를 전개하고자 합니다. 귀사는 남미에 대해 지식과 경험이 풍부한 것으로 보이며, 이미 KOTRA와 중소기업진흥공단 글로벌 팀과 상당 부분 일을 진척한 것 같습니다. 해외 진출과 관련된 세무회계는 투자단계, 운영단계, 청산단계로 나누어 생각할 수 있고, 귀사는 현재 투자단계의 전략이 필요한 것 같습니다. 해외 진출 형태를 보면 먼저 ① 연락사무소 개설, ② 현지 지점 설치, ③ 현지 법인 설립 형태로 나누어집니다. 현지 법인을 설립하는 이유는 무역장벽의 타개, 현지 국가의 생산요소 활용, 기술 정보의 축적 등이 있습니다.

해외 진출과 관련하여 다소 혼동할 수 있는 부분은 해외 현지 법인(이하 법인)의 설립과 현지 지점(이하 지점)의 설치와의 차이에 대한 인식 부족에서 발생합니다. 따라서 해외 투자 진출 형태에 따른 장단점, 국가별 법률을 확인하고, 적절한 사전 조치를 취하는 것이 필요합니다. 먼저 현지 법인 설립의 장점입니다. 현지 국가의 세법이 현지 법인에 적용되므로 현지의 조세감면 혜택을 받을 수 있습니다. 현지 법인은 지역사회와 긴밀한 관계를 유지하고 있어 좋은 이미지를 전달할 수 있습니다. 또한, 현지에서 금융차입 등 자금 조달 방안을 강구할 수 있습니다. 현지 법인이 귀사에 지급하는 사용료 등은 현지에서 손금으로 인정됩니다. 현지 법인을 처분하는 경우 조세조약의 양도소득에 관한 조문에 의거 해외에서 비과세될 수도 있습니다. 또한 현지 법인의 이익 배분을 유보하여 적절한 시점에 귀사에 배당을 실시할 수 있습니다.

현지 법인의 단점은 다음과 같습니다. 해외 진출 초기 단계에서 현지 법인에서 발생하는 손실을 국내에 있는 귀사에 반영할 수 없습니

146

다. 현지 지점의 형태라면 귀사의 이익이 많을 경우 그 손실을 상계하여 절세할 수 있습니다. 현지 법인은 현지에서 세무신고, 세무조사, 기업회계처리 기준을 준수해야 합니다. 현지 법인은 투자하는 자본에 대해 해당 국가의 자본세를 납부해야 하는 경향이 있습니다. 특히 현지 법인은 이사나 주주가 현지인의 요건을 갖추어야 하는 경우가 많습니다. 대부분의 국가가 현지 법인이 귀사에 이익을 분배하는 경우 배당소득세를 원천징수합니다[자료 출처: 법인의 해외투자와 세금, 국세청(2010) 외].

기타 의견

해외 진출 및 현지 법인 설립과 관련하여 간략하게 설명하였습니다. 귀사는 현지에서 수익을 창출하므로 현지 법인 형태의 해외 진출이 불가피할 것으로 보입니다. 따라서 귀사는 현지 법인과의 거래 관계를 명확히 하고 근거를 남겨놓아야 하겠습니다. 우선은 귀사가 현지 법인에 많은 지원을 할 것으로 보이는데, 물품조달, 자금지원, 현물출자 등에 관해 형식을 정립하고 적합한 회계절차를 진행해야 합니다. 또한, 해외 진출 및 투자의 실행과 관련해서 국세청 등 소관 부처에 사전 확인할 필요가 있습니다.

경영 관리 및 전략

창업 기업 등 모든 기업은 기업의 성과를 재무제표를 통해 기록합니다. 재무자료는 금융기관, 투자자, 경영진 등 기업의 이해관계자들이 기업의 실적과 신용상태를 파악하는 척도가 됩니다. 회계사와 세무사가 재무제표 작성을 위탁받아 수행하고 있는데, 기업의 입장에서도 재무회계를 관리하는 지식과 능력이 필요합니다. 이번 장에서는 재무회계와 세무회계를 구분하여 관리 개념을 정립할 수 있도록 기업의 입장에서 기술하였습니다.

기업은 금융기관 등 외부기관이 자신들의 재무제표를 가지고 어떤 분석을 하는지 매우 궁금해합니다. 기업은 스스로 재무진단 및 분석을 실행하고자 합니다. 그러나 이러한 부분은 다소 전문 분야로 회계사 등 재무 관련 컨설턴트들이 필요 지식과 기술을 가지고 접근하고 분석하는 분야입니다. 따라서 기업들은 재무 컨설팅을 주기적으로 받는 것을 권장합니다. 금융기관 등 제삼자가 일방적으로 평가하는 재무진단 체계를 함께 숙고하고 논의하여, 재무 평가에 대비하는 것을 기술하였습니다.

최중우돌
스타트업 창업 멘토링

01 start up

·· 세무 회계(일반)

상담 내용

귀사는 창업 관련 세무업무를 상담하였습니다. 전문적인 세무 상담은 세무사를 통해 상담을 받는 것이 바람직합니다만, 회계 처리와 관련한 경영 전략적 측면에서 상담은 가능할 것 같습니다. 중소기업을 창업하게 되면 재무업무와 더불어 세무업무에 계속 노출됩니다. 이때 일반적 세무업무를 알고 있으면 기업 경영에 많은 도움이 됩니다. 조세는 과세주체에 따라 국세와 지방세로 나뉘고, 납세의무자에게 직접 부과하는 직접세와 조세의 부담이 타인에게 전가되는 간접세로 나눌 수 있습니다.

조세는 사업자인 경우 소득에 따라 법인은 법인소득세(법인세, 직접세), 개인은 개인소득세(소득세, 직접세)를 납부하게 되며, 기업이 재화 또는 용역을 판매(공급)한 경우에는 부가가치세(간접세)를 공급받는 자로부터 징수하여 납부하게 됩니다. 이밖에 교육세(목적세), 재화가 다른 나라로부터 수입될 때 부과하는 관세 등이 있습니다. 부가가치세는 납세의무자와 세금부담자가 다른 간접세로 모든 재화 또는 용역에 대해 과세되는 일반소비세입니다. 따라서 일반과세자와 간이과세자 모두 부가가치세를 납세할 의무가 있습니다. 일반과세자는 6개월 단위로 과세하고, 간이과세자는 1년 단위로 과세하게 됩니다. 즉, 과세기간이 끝난 후 25일 이내에 사업장 관할 세무서장에게 홈택스(Hometax) 등을 통해 신고, 납부합니다. 이때 부가가치세 영세율을 적용하는 대상을 확인할 필요가 있습니다. 내국 물품을 외국으로 반출하는 수출 재화는 영세율 적용대상입니다. 그러나 영세율을 적용받는 사업자도 과세사업자로서의 제반 의무를 모두 이행해야 합니다.

회계의 종류는 작성 목적에 따라 재무회계, 세무회계, 관리회계로 호칭을 달리할 수 있습니다. 재무회계는 기업의 재무 상태와 경영성과를 이해관계자(주주, 채권자, 경영자 등)에게 보고하기 위해 기업회계기준에 맞추어 작성되는 것을 말합니다. 세무회계는 기업 활동의 결과로 발생한 소득에서 정부에 납부할 세금을 계산하기 위한 회계를 말합니다. 복식부기로 작성된 재무회계의 손익에서 세법에 의해 차이가 나는 항목(손비 인정 범위 등)을 가산 또는 차감하여 세무회계 손익을 산출하게 됩니다. 이렇게 세법상의 과세표준을 산출하는 것을 세무조정이라고 하며, 일반적으로 기업회계기준으로 작성된 재무회계의 결과를 세무사가 최종 세무조정을 한 후 산정된 세금을 납부하게 됩니다. 마지막으로 관리회계는 원가계산 등 다양한 분야를 포함하고 있으며, 기업의 경영 의사결정을 위해 작성하는 것을 말합니다.

기업의 자체기준에 따라 작성된 관리회계는 기업의 경영에 필요한 분석적 결과를 제공하는 역할을 합니다.

기타 의견

과세사업자 중 일반과세자는 세금계산서를 발급해야 하나, 소매업 등 최종소비자와 거래하는 경우 간이과세자와 마찬가지로 영수증을 발급합니다. 간이과세자는 연간 공급대가(부가세 포함)의 합계액이 4천 8백만 원에 미달하는 개인사업자를 말합니다. 간이과세자의 연간 공급대가(부가세 포함)의 합계액이 2천 4백만 원 미만인 경우에는 세액의 납부의무를 면제합니다. 세법의 변경이 있을 수 있으니 세무업무를 처리하는 과정에서 재확인하기 바랍니다.

02 start up

·· 도시 숙박업

상담 내용

귀사는 보유 부동산의 활용 방안과 세무업무에 대해 상담하였습니다. 일반적으로 자영업을 영위하는 회사의 경우, 사업장으로 사무실 또는 상가를 보유하고 영업을 하게 됩니다. 귀사의 경우는 보유하고 있는 주택을 사업화하는 방안을 고민하고 있습니다. 주택을 과다 보유할 경우 부동산 보유세 및 양도세가 과도하게 부과될 수 있습니다. 따라서 귀사는 우선 보유주택과 관련하여 주택임대사업자로 등록해 놓을 필요가 있습니다. 본인이 거주하지 않는 물건을 임대하기 위해서는 주택임대사업자가 필요합니다.

주택임대사업자로서 임대하는 경우 대부분 월세를 염두에 두게 되며, 예금 금리 수준 이상의 임대수익을 기대하게 됩니다. 그러나 귀사의 보유 부동산은 서울역 인근에 있고, 이를 도시민박으로 직접 운영할 경우 더욱 높은 수익을 얻을 수 있습니다. 귀사가 소유하고 있는 부동산은 다세대 주택으로, 이미 동일 물건에 거주하고 있어 운영을 편리하게 할 수 있습니다. 최근 에어비앤비(Airbnb)를 통해 동남아시아 등으로부터 유입되는 관광객의 이용 수요가 증가하고 있습니다. 에어비앤비를 통해 관광객을 유치할 경우 이를 중간에서 전문적으로 도와주는 사람이 별도로 있습니다.

에어비앤비(Airbnb)는 숙박 공유서비스를 제공하는 회사입니다. 온라인 사이트를 통해 자신의 주거지를 다른 사람에게 빌려주는 서비스를 중개합니다. 190개국 34,000여 개 도시에서 150만 개 이상의 숙소 목록을 가지고 있고, 본부는 미국 샌프란시스코에 있으며 전 세계에서 백만 명 이상의 주인과 여행자가 에어비앤비로 공간을 임대하거나 숙소를 예약하고 있습니다. 에어비앤비는 2008년도에 설립되었으며, 한국에서는 2013년부터 서비스를 시행 중입니다. 에어비앤비를 통해 도시민박을 영위하기 위해서는 소파, 침대 등 간단한 실내 가구를 비치해야 하고, 침구류는 민박 인원이 교체되는 시점에서 세탁을 위해 여분이 있어야 합니다. 실내 사진과 약도가 준비되면 해외 홍보는 에어비앤비를 통해 이루어지게 됩니다. 에어비앤비에서 입금되는 수익금은 중간 처리업자와 일정 비율로 나누어 가지게 됩니다.

기타 의견

에어비앤비는 숙박 의미인 'Bed'와 아침 식사의 의미인 'Breakfast'를 포함하고 있습니다. 즉, 아침용 간단한 식사가 준비될 경우 관광객들의 호응이 높을 것으로 보입니다. 한편으로, 실내 인테

리어가 독특한 경우 해외뿐만 아니라 국내 관광객을 다수 유치할 수 있습니다. 주의할 것은 에어비앤비를 이용한 고객들은 홈페이지나 SNS(Social Networking Service)에 이용 후기를 올리므로 고객 만족에 최선을 다해야 합니다.

03

·· 화장품 제조업

상담 내용

귀사는 두피보호 화장품 개발사업과 세무회계에 관해 상담하였습니다. 상담은 신사업 추진과 관련된 내용이 주로 논의되었습니다. 귀사는 박사학위를 소지하고 다년간 미용 분야를 연구해 왔습니다. 따라서 관련 지식과 사업 아이디어가 풍부한 것이 사실이고, 금차에는 모바일 기반의 두피 관련 서비스를 구상하고 있습니다. 모바일 기반의 플랫폼을 구축하고 두피 관련 사업을 추진하는 것은 바람직할 것으로 보입니다. 시중에는 실제 건강관리와 관련하여 다양한 애플리케이션들이 출시되어 호평을 받고 있습니다. 애플리케이션 개발의 관건은 두피의 상태를 디지털로 측정, 인식하는 기술의 적용입니다. 일단 두피의 상태를 측정하는 기술은 핸드폰의 이어폰 잭을 이용한 기술이 개발되어 있습니다.

이 기술은 일반 고객이 사용하기에 고가인 관계로, 일반 핸드폰 카메라를 이용하여 촬영한 자료를 토대로 두피를 관리하는 방안을 개발할 필요가 있습니다. 전문가적인 식견으로 모공의 모발 개수와 두피의 염증 상태 등을 지속적으로 측정하여, 자료를 저장 및 평가하면서 정보를 축적할 것으로 보입니다. 이는 최근 이슈가 되고 있는 제4차 산업과 연관성이 있습니다. 즉, 디지털로 저장된 다량의 자료를 빅 데이터 분석을 통해 분석이 가능하고, 이를 토대로 인공지능으로 딥 러닝하여 모델(패턴)을 개발하면, 이를 마케팅 전략으로 활용할 수 있습니다. 더불어 일정 규모 이상의 고객집단을 확보할 경우 디지털 자산으로 평가되어 투자를 유치할 수 있습니다. 제4차 산업을 이용한 R&D 사업으로 시작하여 개발비용의 부담을 완화하고, 이후 전략적 제휴를 통해 사업화 전략을 전개하는 것이 필요합니다.

 회계는 재무회계, 세무회계, 관리회계로 나눌 수 있습니다. 귀사는 막연히 세무회계로 말씀하였습니다만, 상담하고자 하는 것은 회계 전반에 대한 기초지식인 것 같습니다. 재무회계는 공인회계사가 작성 또는 감리하여 기업의 이해관계자에게 보고하는 것을 말합니다. 기업의 이해관계자는 내부와 외부로 나눌 수 있는데, 외부는 크게 주주 등 투자자와 금융기관 등으로 구분할 수 있습니다. 이해관계자들은 재무제표를 기반으로 기업의 신용상태와 기업의 가치를 추정하며, 이에 따른 의사결정을 실행하기에 앞서 재무진단을 실시합니다. 세무회계는 세금 납부와 관련된 것으로 중소기업의 경우 법인세 납부 등의 목적으로 작성하게 됩니다. 관리회계는 엄격한 회계처리 기준이 있다기보다는, 기업이 경영관리 목적으로 작성하는 것으로 인식할 수 있습니다. 법인 창업 초기 단계에서는 자본금 출자 및 각종 자본적 또는 수익적 지출을 구분하여 증빙서류를 취합하는 것이 매우 중요합니다. 일정 금액 이하의 매출이 발생하는 경우는 개인사업자(간이과세자 또는 일반과세자)로 등록하면 세무업무 처리가 편리합니다.

기타 의견

귀사는 사업 아이디어와 아이템을 가지고 있으나 적절한 창업 멤버가 없는 것 같습니다. 2~3명 정도 창업 멤버를 확보하고 기술개발을 수행할 역량 있는 핵심파트너를 선정해야 합니다. 이를 위해 엑셀러레이팅 그룹에 참여하는 것도 한 방법입니다. 특히 사업계획서를 작성하는 데는 공공기관에서 요구하는 일반적인 사업계획서보다, 귀사의 비전, 비즈니스 수익모델, 성장전략, 재무계획(3~5년간) 등을 수립하고, 경쟁자들과 경합할 수 있는 기업의 핵심가치를 설정하는 것이 먼저 필요합니다.

04

·· SNS 마케팅(유통업)

상담 내용

귀사는 SNS를 활용한 마케팅 등에 대해 상담하였습니다. 기존의 광고시장은 라디오, TV, 신문, 잡지 등의 대중미디어를 중심으로 이루어졌다면, 현재는 인터넷 및 모바일 사용자의 증가로 인해 블로그, 페이스북(Facebook), 트위터(Twitter), 카카오톡(Kakao-Talk), 인스타그램(Instagram), 라인(LINE) 등과 같은 SNS(Social Network Services)를 이용한 홍보 활동을 합니다. 즉, 기업이 소셜 미디어를 이용하여 고객과 직접 소통하고 상품이나 서비스를 홍보함으로써 마케팅 성과를 거두고 있습니다. 이를 SNS 마케팅 또는 소셜 미디어(Social Media) 마케팅 등으로 부르고 있습니다.

SNS 마케팅은 서로 개방 및 연결되어 있는 소셜 미디어를 통해 고객과의 접점을 형성하고 관심 사항과 정보를 공유함으로써 고객의 요구(Needs)를 파악하고 지속적인 관계를 형성(피드백)해 나가는 특징이 있습니다. 이러한 고객과의 관계는 신상품을 기획한다든지 신상품을 홍보할 수 있는 채널 등으로 활용되며, 개인화 서비스가 가능하여 충성고객을 확보할 기회를 제공합니다. 즉, 소셜 미디어 마케팅의 특징으로 자발성, 실시간성, 초연결성 등을 들 수 있으며, 이러한 측면에서 기존의 마케팅과의 차별성을 가지게 됩니다. 대표적인 소셜 미디어로는 블로그와 페이스북이 있으며, 최근에는 인스타그램 등을 활용하여 홍보하는 사례가 늘고 있습니다.

SNS 마케팅은 기존 미디어와 달리 바이럴(Viral) 효과를 이용하며 비용지출을 절감할 수 있다는 장점이 있습니다. 그러나 바이럴 효과를 얻기 위해서는 콘텐츠에 대한 공감이 우선되어야 합니다. 즉, 제품을 팔아 수익을 낸다는 차원을 넘어, 고객과의 소통을 통해 자발적인 공감을 유도하고 신뢰감과 친밀감을 쌓아가는 관계 형성이 필요합니다. SNS 마케팅은 '관계 마케팅'이라는 것을 깊이 이해하여야 합니다. 따라서 SNS 마케팅은 주요 타겟층을 설정하여 홍보하고, 그 고객의 관심과 참여를 유도해야 합니다. 이런 의미에서 기존의 유명 배우나 사회 저명인사를 동원한 홍보와는 큰 차이가 있습니다.

기타 의견

귀사의 경우는 가방 등 개인 기호 용품을 유통하는 업종으로, 인스타그램 등의 SNS를 이용한 마케팅이 적극적으로 필요하다고 봅니다. 물론 가방 등 창작물의 저작권 보호에 대한 어려움이 있으나, 제품의 디자인 등 차별화된 품질을 바탕으로 고객의 입소문을 타고 인식이 확대되기를 기대합니다. SNS 마케팅을 위해서는 이를 전담하는 사람을 지정할 필요가 있으며, 고객들에게 초점을 맞춘 이야기 소재를 지속해서 발굴해야 합니다. SNS 마케팅은 콘텐츠와 그에 대한 공감을 얻는 것이 가장 중요합니다.

05 start up

상담 내용

귀사는 기업의 재무 분석에 대해 상담하였습니다. 귀사의 고민은 금융기관 등의 신용등급이 예상하는 것만큼 잘 나오지 않는다는 것입니다. 재무제표는 금융기관, 주주, 투자자, 경영진이 기업의 신용상태를 판단하는 자료로 활용됩니다. 재무제표는 재무상태표, 손익계산서, 이익잉여금처분계산서, 자본변동표 등을 말합니다.

재무제표를 일견 보아 기업의 재무 상태를 확인할 수 있습니다만, 세부적인 내용을 확인하기 위해서는 다소 심도 있는 분석이 필요합니다. 일반적으로 재무 분석은 구성비 분석, 시계열 분석, 상대비율 분석으로 나눌 수 있습니다. 재무상태표에는 유동자산, 비유동자산, 부채, 자본 항목이 있습니다. 이의 세부 항목들은 유동자산에서 당좌자산과 재고자산, 비유동자산에서 투자자산, 유형자산, 무형자산, 기타 비유동자산, 부채에서 유동부채, 비유동부채, 자본에서 자본금, 자본잉여금, 자본조정, 이익잉여금 등이 있습니다. 세부 구성항목의 구성비를 전전기, 전기, 당기 등 연도별로 변화 관계를 살펴보면,

기업의 재무상태의 변화 여부를 확인할 수 있습니다.

　손익계산서에서 매출액, 매출원가, 판매비와 관리비, 영업 외 수익과 비용의 구성비를 간략하게 살펴보면 변화 여부를 쉽게 확인할 수 있습니다. 손익계산서의 매출원가가 갑자기 증가하였다면 그 원인을 살펴보아야 합니다. 비유동자산으로 계상하고 연도별 순차적으로 매출원가에 반영해야 할 것을 모두 당해년도 매출원가로 계상하는 경우가 있을 수 있습니다.

　금융기관 등에서 평가하는 신용등급은 평가기관에 따라 다소 차이가 날 수 있습니다. 그 이유는 평가기관별로 중점을 두는 항목이 다를 수 있으며, 재무항목과 더불어 비재무항목을 신용등급 평가에 반영하기 때문입니다. 같은 평가기관이라 하더라도 신용등급 평가와 관련한 정책 방향이 변화되어, 재무상태표 또는 손익계산서 세부항목 평가에 가중치를 달리할 수 있습니다. 통상적으로 기업의 유동성과 안전성은 재무 상태를 통해 산정하고, 수익성과 활동성은 손익계산서 및 재무상태표를 통해 산정합니다.

기타 의견

귀사의 신용등급은 귀사가 속해있는 업종의 평균과 비교한다고 볼 수 있습니다. 즉, 귀사의 재무상태는 귀사가 속해있는 업종의 평균 재무 상태와 비교하여 확인할 필요가 있습니다. 귀사는 OEM 방식으로 생산하는 제조업의 특성을 가지고 있는데, 도소매업(유통업)과 비교한다면 불리할 수 있습니다. 제조업의 특성상 제품과 재공품 등을 재고자산으로 다수 가지고 있다면, 귀사의 신용등급은 상대적으로 낮게 평가될 수 있습니다. 결론적으로 귀사는 귀사가 어느 업종(산업군)에 소속되어 평가되고 있는지 먼저 확인할 필요가 있습니다.

·· 재무 분석(제조업) ─ 2차

상담 내용

귀사는 기업의 재무 분석에 대해 상담을 계속 진행하였습니다. 금융기관 등 이해관계자는 기업의 신용상태를 파악하기 위해 재무 분석을 실시합니다. 금융기관 등은 기업의 신용상태를 절대 평가하는 측면도 있지만, 주로 여타의 기업들과 비교하여 상대적으로 우위에 있는지 등을 평가하게 됩니다. 따라서 금융기관 등이 평가하는 기업의 집단들은 다소 차이가 있을 수 있습니다. 이는 각 평가기관이 보유하고 있는 기업 데이터를 최적의 상태로 활용하여, 상대적 비교를 통해 적절한 판단을 하고 있기 때문입니다.

따라서 귀사가 재무 분석을 할 때는 귀사의 3개년 이상의 재무제표를 이용하여 시계열 재무 분석을 우선 실시하고, 여타 기업의 재무제표와 상대 비교 분석함으로써 의미를 찾아낼 수 있습니다. 이때 비교 기준으로 삼을 수 있는 자료가 매년 한국은행에서 발표되는 기업경영분석 자료입니다. 이 자료는 통상 1~2년 전 업종별 평균 재무제표를 제공하는데, 귀사의 재무실적을 업종 평균과 비교할 수 있는 기준 자료가 됩니다. 통상 재무 분석은 재무비율 분석을 이용하여 기업의 성장성, 수익성, 안정성, 활동성 등을 파악하게 됩니다.

부문별 대표 재무비율을 기술하면, 성장성에서는 총자산증가율, 매출액증가율, 순이익증가율이 있으며, 수익성에서는 영업이익률, 자기자본순이익률(ROE, Return On Equity), 총자산순이익률(ROA, Return On Assets)이 있고, 안정성에서는 부채비율, 이자보상배수, 차입금의존도가 있으며, 활동성에서는 매출채권회전율, 재고자산회전율, 총자산회전율 등이 있습니다. 또한, 추가로 현금흐름 분석을 하면 유용합니다. 그리고 이때 업종 평균의 재무비율과 비교하여 기업의 상대적 위치를 파악하는 것이 중요합니다.

기타 의견

재무비율 분석에 앞서 기업의 재무상태표와 손익계산서의 각 항목에 대한 구성비를 산출하고, 연도별로 비교할 경우 의미 있는 기업의 현상을 파악할 수 있습니다. 재무 분석에 있어 재무비율 등을 이용하여 업종 평균과 상대적 비교를 하면 기업의 재무역량을 파악할 수 있습니다. 기업의 재무역량에 따라 재무관리의 기본방향이 설정됩니다. 구체적인 개선과제를 도출하고 이를 개선하기 위해서는 재무목표를 설정하고 추진하는 것이 필요합니다. 이를 통해 재무 건전성을 확보하고 궁극적으로 성과관리와 최종적으로 연계할 수 있습니다.

07 start up

개성공단 진출(조립금속업)

상담 내용

귀사는 개성공단 진출에 대해 상담하였습니다. 최근 남·북·미 관계가 개선의 조짐을 보이자, 개성공단 진출에 대한 문의가 부쩍 증가하고 있습니다. 개성공단의 정식 명칭은 개성특급시에 소재하고 있는 개성공업지구입니다. 귀사가 설립하고자 하는 회사는 약 60여 명의 종업원을 고용하고, 조립금속제품을 제작하는 것을 목적으로 합니다.

먼저 개성공업지구(이하 개성공단)의 사업의 추진 경과 등 현황을 먼저 알아보겠습니다. 개성공단은 2000년 8월 현대아산(주)와 아태민경련 간 개성공단 건설 운영에 관한 합의서를 체결하고, 2004년 5월부터 시범단지 9만 제곱미터를 분양하여 사업을 시작하였습니다. 2013년 12월 기준으로 공장용지 200필지 중 84필지에 123개 기업이 입주하여 가동되어 왔습니다. 아시다시피 최근에는 개성공단이 폐쇄되어 가동이 중단되었고, 남북 화해 분위기에 힘입어 기업인들은 다시 개성공단 참여 열망을 품게 되었습니다. 입주 기업의 업종별 분포를

스타트업 창업 멘토링

보면 대략 섬유 60%, 기계금속 20%, 기타 20%로 구성되어 있습니다. 입주 기업의 개별 사업장당 1백여 명 이상이 근무하였으며, 이를 통해 인건비를 획기적으로 절약하여 큰 이득을 얻은 바 있습니다. 특히 입주 기업의 취급 품목은 섬유, 봉제, 전자부품 등 경량 제품이 대부분인 것으로 보입니다.

개성공단에 입주하는 방법은 미분양된 공장용지를 분양받는 것과 기존에 입주했던 기업의 공장용지를 정부 승인을 받아 인수(매입)하는 것으로 대별할 수 있습니다. 이러한 절차는 개성공업지구지원재단(공덕동 소재)의 지원을 받아서 세부절차를 진행할 수 있습니다. 귀사는 조립금속제품을 생산하기 위해서 3,000평 이상의 대지와 1,500평 이상의 건물(공장)을 보유해야 할 것으로 보입니다. 또한 제품 생산의 특성으로 보아 대부분 남성 근로자의 유입이 절대적으로 필요할 것 같습니다. 이를 요약하자면 비교적 큰 공장용지가 필요하고, 인력이 부족할 수 있는 남성 근로자를 필요로 하는 상황입니다. 즉, 큰 공장용지의 취득이 가능한지 사전에 살펴보아야 합니다.

기타 의견

개성공단을 포함한 기업의 국외 진출의 경우 사전에 PEST 분석을 하는 것이 일반적입니다. PEST 분석이란 거시 환경 분석으로 정치(Political), 경제(Economic), 사회문화(Social) 그리고 과학기술(Technological) 분석을 말합니다. 경제와 과학기술 분야는 북한이 필요로 하는 사항이면서, 남한이 개성공단 진출을 위해 갖추어야 할 역량입니다. 정치와 사회문화는 북한이 좌우할 수 있는 사항이므로 매우 주의를 요합니다.

08 start up

·· **컨설팅 플랫폼 — 1차**

상담 내용

귀사는 경영 컨설팅 플랫폼을 구축하여 사업화하는 것을 상담하였습니다. 제4차 산업 혁명이라는 시대적 변화에 힘입어 정보통신기술(ICT)을 기반으로 한 사업화 및 창업이 다양하게 이루어지고 있습니다. 경영 컨설팅 서비스(플랫폼)도 이러한 시대적 흐름의 추세를 반영한 것이라고 생각합니다. 정보통신기술을 이용한 시스템 구축은 웹 또는 앱으로 할 수 있으며, 최근에는 모바일을 이용한 간편 서비스를 제공하는 추세입니다.

경영 컨설팅 서비스를 구축하는 단계를 분류해 보면, 첫째, 고객의 의뢰에 따라 적합한 컨설턴트를 추천하는 '매칭 서비스'가 있습니다. 이는 경영 컨설턴트들을 다수 확보하고, 고객이 의뢰하는 분야별 컨설턴트를 추천하는 것으로, 의뢰 금액의 일정 부분을 수수료로 취하는 비즈니스 모델입니다. 경영 컨설팅 분야는 크게 경영전략, 인사조직, 재무회계, 마케팅전략, 정보화전략, 생산관리, 해외 진출 등의 분야로 나눌 수 있습니다.

둘째, 고객의 경영상의 문제를 즉각 응답하는 '챗봇(Chatter robot) 서비스'가 있습니다. 챗봇(대화형 로봇) 서비스를 위해서는 사전에 상담 가능한 내용을 취합하여 대화의 내용을 구축해 놓는 작업이 필요합니다. 챗봇은 첫 단계에서부터 완전 자동화를 할 수가 없습니다. 수많은 사례(데이터)를 학습하고 오류와 예외사항을 줄여나가야 합니다. 이를 위해서는 챗봇 서비스 시작단계에서 챗센터(Chat Center)를 운영하는 것이 불가피합니다. 즉, 고객이 묻는 채팅 질문에 대해서 컨설턴트가 직접 대응하는 서비스를 동시에 운영해야 합니다. 챗봇 초기 오픈 단계에서는 90%에 가까운 예외사항이 발생한다고 합니다. 일정 기간 동안 상담 전문 컨설턴트가 대기하고 있다가 예외사항에 대응하고, 이를 챗봇에 적용하여 서비스 품질을 계속 업그레이드해야 합니다.

셋째, 기존의 컨설팅 보고서들을 인공지능으로 학습하여 고객이 의뢰하는 사항에 대응하는 보고서를 생성하는 '보고서 서비스'입니다. 다수의 컨설팅 보고서를 확보하고 있다면, 이를 자연어 처리(NLP, Natural Language Processing)를 하고 경영 컨설팅 알고리즘을 사전에 생성하여, 이를 바탕으로 컨설팅 보고서(초급, 중급, 고급, 프리미엄)를 제공하는 서비스를 생각해 볼 수 있습니다. 인공지능을 활용하여 작성된 컨설팅 보고서가 사전에 컨설턴트에게 제공되고, 이를 바탕으로 현장 인터뷰를 진행한다면 보다 완벽한 컨설팅 보고서가 완성될 것으로 보입니다.

기타 의견

제4차 산업의 기술요소들을 활용한 창업 사례는 창업 기업 중 70% 이상을 차지하고 있습니다. 즉, 현재의 창업 및 사업화 이슈는 대부분 제4차 산업과 연관성이 있다고 봅니다. 이 분야와 연관된 창업은 기존 전통적인 제조업 창업보다도 복잡한 기술적인 이슈들을 많이 발견하게 됩니다. 세부적인 사업화 전략을 수립하기 위해서는 추가 상담이 필요합니다.

·· 컨설팅 플랫폼 — 2차

상담 내용

귀사는 경영 컨설팅 플랫폼을 구축하여 사업화하는 것을 상담하였습니다. 지난번 상담에서 ① 매칭 서비스, ② 챗봇 서비스, ③ 보고서 서비스를 논의한 적이 있습니다. 컨설턴트 매칭 서비스는 현재 변호사 매칭 서비스와 매우 유사할 것으로 보입니다. 다만 변호사의 경우는 일정 수준 이상의 지식을 보유하고 있는 공인된 전문직업인인 것에 반해, 컨설턴트는 지식과 경험을 일률적으로 판단하기 어렵습니다.

변호사들은 일반적인 법률을 숙지하고 있으면서도 전문 분야를 가지고 법률 서비스를 하고 있습니다. 컨설턴트(경영지도사)도 일반적으로 경영 전반을 관장하지만, 크게 마케팅, 재무회계, 인사조직, 경영정보 등 세부 전문 분야를 나누어 컨설팅을 수행하고 있습니다. 컨설턴트의 경우 경영지도사 자격증 및 박사학위 등으로 컨설팅 수행 능력을 판단할 수 있으나, 업력과 경력에 따라 큰 차이를 보입니다. 따라서 매칭 서비스에서 컨설턴트의 업력과 경력, 자격 및 학위 보유

여부를 공개하고, 전공 분야의 컨설팅 보고서를 참고자료로 제공할 필요가 있습니다.

경영 컨설팅 플랫폼에서 가장 난이도가 높은 컨설팅 보고서를 제공하는 서비스에 대해 먼저 살펴보겠습니다. 보고서 서비스는 기존의 수많은 컨설팅 보고서를 참조하고 추가 정보를 취합하여 서비스를 제공하는 것입니다. 그러나 기존의 컨설팅 보고서의 내역을 면밀히 검토해 보면 몇 가지 특징이 있습니다. 컨설팅 보고서는 컨설팅의 흐름(목차)을 나타내는 부분, 각종 컨설팅 분석 도구 및 이에 따른 개별 기업 및 환경을 분석하는 내역으로 구성됩니다. 컨설팅의 목차 또는 체크리스트, 컨설팅 분석 도구들은 정형화가 가능할 것으로 보이나, 이를 기반으로 작성되는 분석의 내역은 개별 기업에 따라 다 다르고, 일반 시사적 상식과 방대한 지식으로 구성됩니다. 사전에 정형화가 가능한 것은 보고서 서비스가 가능하나, 그 내역에 대한 서비스는 경영 컨설팅 플랫폼에서 감당하기 어려울 것으로 보입니다.

컨설팅 보고서들을 인공지능을 통해 세부적으로 분석하는 방법을 논의해 보겠습니다. 현재 구글(Google)은 클라우드 환경으로 인공지능 분석 도구를 제공하고 있습니다. 즉, Google Custom Search API(Application Programming Interface)에서 제공하는 Cloud Machine Learning Engine을 사용하여 NLP(Natural Language Processing)를 분석해 볼 수 있습니다. 여기서 제공하는 내용은 단어를 명사, 조사, 동사 등으로 구분하고, 각 어휘를 700개의 카테고리로 나누어 정보를 제공하고 있습니다. 즉, 단어가 장소, 조직, 행위 등의 성격을 가졌는지의 여부를 인공지능으로 분석하여 제공하는 것입니다. 그러나 문장의 맥락을 이해하고 이들의 의미를 제공하는 것은 한계가 있습니다.

기타 의견

상기에서 논의한 것과 같이 매칭 서비스, 챗봇 서비스를 통해 컨설턴트를 매칭시키고, 정형화된 컨설팅 체크리스트 등을 제공하는 것은 무리가 없을 것으로 보이나, 컨설팅 보고서를 제공하는 서비스는 기존 자료의 방대성과 현재의 인공지능 기술 수준으로 볼 때 난이도가 매우 높다고 하겠습니다.

10

start up

·· 컨설팅 플랫폼 — 3차

상담 내용

귀사는 인공지능을 이용하여 컨설팅 등 기업의 자문을 제공하는 서비스에 대해 상담을 진행하였습니다. 제4차 산업 기술요소 중에서 인공지능과 블록체인은 최근 들어 많은 관심을 받고 있습니다. 여러 산업 분야에서 이들 기술을 이용하여 사업화가 추진되고 있습니다. 사실 인공지능은 역사적으로 한 번 실패한 경험이 있습니다. 즉, 인공지능이 개념적, 기술적으로 발전하였음에도 하드웨어적인 측면에 기술 발전이 더 필요했던 것입니다.

최근의 인공지능은 아마존(Amazon), 구글 등 세계적 기업뿐만 아니라, 한국의 삼성전자, KT 등에서 핸드폰 또는 음성 스피커를 통해 작동하는 형태의 연구가 진행되고 있습니다. 인공지능에서는 자연어 처리가 관건인데, 통상적으로는 '음성(Speech) → 문자(Text) → 문자(Text) → 음성(Speech)' 과정을 거쳐 서비스가 제공되고 있습니다. 이러한 변환은 최근 매우 성공적으로 작동되고 있으며, 현재 핸드폰에서도 기본적으로 음성 서비스를 제공하고 있습니다. 그런데 이때의 관건은 '문자(Text) → 문자(Text)' 과정에서 문장의 맥락을 어느 정도 이해하고 처리할 수 있는가입니다.

귀사가 실현하고 싶어 하는 분야는 '문자(Text) → 문자(Text)' 변화 과정에서 문장의 맥락을 이해하고 적절한 답변을 제공하는 것입니다. 결론부터 말씀드린다면 현재로서는 불가능 확률이 높습니다. 문장의 맥락을 이해하고 적절한 답변을 제공하는 기술은 지금 기술력으로 볼 때 매우 부족한 상태입니다. 만약 질문(Text) 및 답변(Text)하는 사례 정보를 취합한 빅 데이터를 가지고 있다면 기술적 연구를 해볼 수 있습니다. 그러나 이러한 빅 데이터가 없다면 먼저 빅 데이터를 만드는 환경을 조성하고 자료를 축적하는 것이 필요합니다.

최근 진행되고 있는 인공지능 기술개발은 이미지나 동영상을 처리하는 분야에서 많이 진행되고 있습니다. 대부분의 영화가 인공지능을 이용하여 영상을 처리하고 있습니다. 즉, 시각 분야의 인공지능은 개체 구분 능력이 있으며, 시력 면에서 인간보다 우수합니다. 청각 분야의 인공지능은 소리를 개체화하기는 하였으나, 소음(Noise) 처리가 매우 어려운 상태입니다. 인공지능 자연어 처리(NLP, Natural Language Processing)는 빅 데이터를 이용하여 인간의 언어를 학습하고, 지식을 축적하여 분석 및 판단하는 것이 일부 가능한 상태입니다.

기타 의견

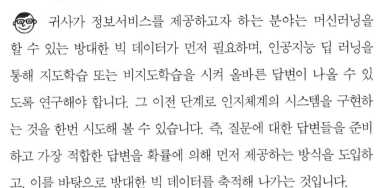 귀사가 정보서비스를 제공하고자 하는 분야는 머신러닝을 할 수 있는 방대한 빅 데이터가 먼저 필요하며, 인공지능 딥 러닝을 통해 지도학습 또는 비지도학습을 시켜 올바른 답변이 나올 수 있도록 연구해야 합니다. 그 이전 단계로 인지체계의 시스템을 구현하는 것을 한번 시도해 볼 수 있습니다. 즉, 질문에 대한 답변들을 준비하고 가장 적합한 답변을 확률에 의해 먼저 제공하는 방식을 도입하고, 이를 바탕으로 방대한 빅 데이터를 축적해 나가는 것입니다.

정책자금 조달

창업 기업은 창업 초기부터 주체할 수 없는 자금 수요에 직면하게 됩니다. 특히 창업 초기에는 신용상태가 완비되지 않아 자금 조달에 큰 어려움을 겪게 됩니다. 우리나라는 신용보증제도가 잘 발달하여 있습니다. 중앙정부 소속 보증기관으로 신용보증기금(금융위원회), 기술보증기금(중소벤처기업부)과 각 지방자치단체 소속 보증기관으로 지역신용보증재단이 있어, 창업 기업은 신용보증서를 담보로 금융기관에서 대출을 받을 수 있습니다.

이밖에도 중소기업진흥공단은 창업 기업의 운전자금과 시설자금을 지원하고 있습니다. 창업 기업은 부족한 신용을 보증기관의 신용보증서를 가지고 보완하게 됩니다. 각 보증기관은 나름의 특징을 가지고 있습니다. 일정 금액 이상의 기술평가보증을 기술보증기금(이하 기보)으로부터 받는 경우와 기술평가대출을 중소기업진흥공단(이하 중진공)으로부터 받는 경우에는 벤처기업인증을 받을 수 있습니다.

상담을 신청한 창업 기업의 특징에 따라 조금씩 다르게 적합한 방향을 잡도록 하였습니다. 특히 대출자금의 특성이 운전자금인지, 시설자금인지에 따라 대출 상담의 준비도 달라집니다. 이 책에서는 실제 상담한 사례를 가감 없이 현장감 있게 기술하였습니다. 상담 내용이 다소 유사하게 반복될 수 있습니다만, 창업 기업은 기업의 업종 등 특징에 따라 이들 자료를 참고하여 활용할 필요가 있습니다.

01 start up

상담 내용

귀사는 보증기관 신용보증기금(이하 신보), 기술보증기금(이하 기보) 및 중소기업진흥공단(이하 중진공)을 통한 정책자금을 조달하는 방안을 상담하였습니다. 정책자금이란 정책적 목적을 가지고 기업에 유리한 조건(이자율 등)을 부여하여 자금을 지원하는 것입니다. 따라서 정책의 특성을 먼저 파악하여야 합니다. 금년도 정책의 이슈는 사회적기업과 고용창출기업입니다.

보증기관은 직접 대출업무를 하지 아니하고 보증서라는 담보를 제공하여 금융기관 및 중진공으로부터 대출을 받을 수 있도록 합니다. 신용보증은 대출보증, 제2금융보증, 사채보증, 납세보증, 어음보증, 이행보증 등이 있습니다. 신용보증은 기업의 매출액 6분의 1에서 3분의 1 이내에서 운영되는데 자기자본의 3배를 넘을 수가 없습니다. 제조업 및 지식기반 서비스업 등은 신용보증을 우대받을 수 있으며, 귀사도 지식기반 서비스업이기 때문에 우대보증 대상기업에 해당합니다.

기업의 매출액에 따라 일반한도는 30억 원까지 가능하나, 최근 매출액이 미미한 전문지식 및 기술 보유 스타트업의 경우 1억 원 이내에서 지원받는 것이 일반적입니다. 특히 보증신청기업이 속해있는 산업과 업종이 중요한데, 귀사는 지원 대상 산업군에 속해 있습니다. 추후 재무제표 등 기업정보를 가지고 상담하면 추가적인 신용보증 한도금액과 대략적인 재무진단을 받을 수 있습니다.

서울특별시 금천구에 있는 보증기관의 영업점과 중진공 영업점을 추천 드리며, 일반보증 또는 기술보증인지에 따라 보증기관을 선택할 필요가 있습니다. 귀사의 자금 용도는 IT 플랫폼을 구축하여 새로운 비즈니스 모델을 개발하고자 하는 것입니다. 이런 경우에 이자 부담이 있는 정책자금보다 R&D 지원 사업을 검토하는 것도 하나의 방법입니다. 왜냐하면 R&D 지원 사업은 개발에 대한 자금지원을 받는 것으로 상환에 대한 부담이 적습니다. 이와 관련한 사업계획서 및 사업제안서 작성을 위해서는 추가 상담이 필요합니다.

정책자금을 지원하는 중소기업진흥공단은 저금리 자금 지원을, 중소기업종합지원센터는 대출이자를 보전하는 역할을 합니다. 다만 정책자금지원센터 등 유사한 기관명으로 정책자금을 알선하는 사설 기업들이 다수 있으니, 홈페이지 URL 등을 꼭 확인하기 바랍니다.

기타 의견

공공기관 영업점에서 정책자금 상담을 우선 추진하길 권장하며, R&D 자금 조달을 하기 위해서는 각 진흥원 등의 홈페이지를 참조하여 정보를 주기적으로 확보하기 바랍니다. 물론 사업계획서 및 제안서 작성에 부담스러운 점이 있으나, 이러한 서류를 준비하면서 사업계획서를 보다 구체적으로 완성할 수 있습니다.

·· 자금 조달(유통업) ― 1차

상담 내용

귀사는 유통업체로 신용보증 제도를 이용한 자금 조달 방안에 대해 상담하였습니다. 신용보증은 통상 1억 원 이하는 간이심사로 처리하고 일정 금액 이상은 정식 또는 심층심사로 진행합니다. 즉, 창업 기업에 대한 1억 원 이하는 간편하게 처리된다고 볼 수 있으나, 보증 진행의 절차적인 측면에서는 크게 다르지 않습니다. 통상 사업장 인근의 보증기관 영업점을 방문하여 보증 상담을 진행하게 되는데, 귀사의 경우 사업장이 서울특별시 송파구에 있는 점을 감안하여 송파지점을 우선 추천합니다.

신용보증은 금융기관의 자금 특성에 따라 운전자금과 시설자금으로 나누어집니다. 운전자금은 매출 규모와 자기자본을 기준으로 보증 한도가 정해지며, 시설자금은 시설 당해 물건의 규모에 따라 보증 한도가 정해집니다. 소액보증은 간편 등급 총 10등급 이내로 평가를 하고, 일정 금액 이상은 일반 등급 총 15등급으로 나누어 평가하게 됩니다. 따라서 신용등급 및 심사 기준에 따라 자연스럽게 보증 한

계가 생기게 되는데, 일반적으로 3억 원 이하, 15억 원 이하, 30억 원 이하의 일반자금과 70억 원 이하의 특별자금, 100억 원 이하의 시설자금을 지원하게 됩니다. 귀사의 경우 매출액을 감안하여 3억 원 이하의 운전자금을 상담하는 것이 좋을 듯합니다.

신용보증제도는 정책자금의 일종으로 볼 수 있습니다. 이와 관련하여 제조업, 지식서비스업 등의 업종은 우대하는 반면에, 일반 도소매업, 건설업 등은 상대적으로 보증지원이 위축될 수 있습니다. 이는 해당 보증기관의 정책수행과 관련한 보증 운영에 다소 차이가 있는 것으로, 금년도 주요 정책의 방향은 사회적기업과 고용창출기업에 대한 보증지원입니다. 따라서 정책 방향과 관련하여 고용창출 등을 어필할 필요가 있으며, 일시적인 자금경색에 대비하여 운전자금 조달의 필요성을 강조할 필요가 있습니다. 이번 상담과는 다소 거리가 있습니다만, 일정 금액 이상의 보증지원을 이미 받은 기업은 유동화보증 등을 추진할 필요가 있으며, 이에 대해 추가 상담을 원하시면 특화보증, 시설자금보증 등을 안내해 드리겠습니다.

신용보증을 수행하는 보증기관은 보증심사에 앞서 기업의 신용상태를 파악하기 위해 해당 기업을 방문하여 재무제표 등 기업의 제반 서류 등을 확인하는 절차를 수행합니다. 안내받은 서류를 비치하고 기업의 있는 그대로의 모습을 잘 설명하는 것이 필요합니다. 보증기관에서 현장실사를 한다는 것은 보증지원을 할 의사가 있다는 것으로 해석할 수 있습니다.

기타 의견

귀사는 신용보증 제도를 활용하여 3억 원 정도의 금융기관 대출을 추진하는 것을 권해드리며, 사업장 인근의 보증기관 영업점을 우선 추천합니다. 보증 상담 시점에는 기업 및 대표자의 신용상태를 사전에 점검할 필요가 있습니다. 즉, 금융기관 원리금 연체, 공과금 미납, 소유 거주 주택의 권리침해사항 등이 있는지 확인하여야 합니다. 2018년 4월부터 법인의 대표이사가 개인 자격으로 연대 입보하는 것이 제도적으로 폐지되었습니다. 이는 전문경영인을 포함한 대표이사의 부담을 경감시키는 반면에, 신용조사 및 심사 측면에서는 제도가 더 강화되었다고 볼 수 있습니다. 특히 보증신청기업의 자본금이 일정 규모 이상이 되는 것이 필요합니다. 귀사의 경우는 자본금 2억 원 이상이므로 특별한 문제는 없을 것으로 판단됩니다.

03

start up

·· 자금 조달(유통업) — 2차

상담 내용

귀사는 보증기관을 통해 자금을 조달하는 것에 대해 상담하였습니다. 귀사는 보증기관을 방문하여 성공적으로 보증 상담을 완료한 것으로 보입니다. 즉, 보증기관 해당 영업점을 첫 방문 상담하여 2~3억 원 내외의 자금 조달을 추진하게 되었습니다. 첫 상담 이후 보증서를 발급받을 때까지의 진행 순서는 다음과 같습니다. 상담을 완료하고 안내받은 서류를 준비하면 이를 제출하게 됩니다. 담당자는 제출된 서류를 사전 검토하고, 사업장을 방문하여 사업내용 등을 확인하게 됩니다. 보증기관에서 보증심사 및 승인이 완료되면, 귀사로부터 보증료(1년분)를 수납받고 전자보증서를 해당 은행으로 직접 전송하게 됩니다. 즉, 실물(종이) 신용보증서가 발행되는 것은 아니므로, 귀사가 필요할 경우 보증기관에 요청하여 인쇄된 전자보증서를 받아보실 수 있습니다.

신용보증을 받기 위해 제출하는 서류가 다소 많다고 느껴질 수 있습니다만, 모든 서류는 사실 확인 및 귀사의 신용을 입증하는 데 필요한 것들입니다. 서류준비는 발행처 중심으로 묶어서 준비할 필요가 있습니다. 즉, 귀사가 직접 준비해야 할 서류는 사업자등록증명원, 주주명부, 임대차계약서(사업장과 거주 주택), 기업개요표(보증기관 양식) 등이며, 거래 세무사를 통해 준비할 것은 재무제표 및 부속명세서, 세무조정계산서, 부가가치세 과세표준확인원 등이 있습니다. 보증기관 담당자는 제출된 모든 서류를 검토하고 사업장을 방문하여 제반 내용을 확인하게 됩니다. 담당자가 사업장을 방문할 때는 조사자 입장이지만, 영업점으로 복귀하여 보증승인 업무를 처리할 때는 귀사를 대변하는 변론자의 역할을 합니다. 즉, 담당자는 눈으로 직접 보고 확인한 것을 바탕으로, 귀사의 사업내용이 양호하고 신용상태가 훌륭하다는 것을 변론하게 됩니다.

보증기관에서 귀사의 신용상태를 점검하는 방법은 대략 다음과 같습니다. 먼저 귀사가 금융기관 등에 연체가 없는지를 확인합니다. 은행 대출금에 대한 원금이나 이자가 연체되고 있으면, 귀사가 자금압박을 받고 있다고 생각할 수 있습니다. 한편으로 자가 사업장 또는 거주 주택에 소송이나 권리침해가 있는지를 확인합니다. 귀사가 소송 등에 휘말려 있으면 정상 영업활동이 가능한지를 판단하게 됩니다. 또한, 국세 또는 지방세를 미납하고 있는지를 확인합니다. 세금을 체납하고 있으면, 귀사의 신용상태에 큰 흠결이 있는 것으로 생각합니다. 그리고 기타 보증심사에 필요한 항목들을 확인하기 위해 세심한 검토를 하게 됩니다. 이때 귀사가 취할 수 있는 태도는 귀사가 가지고 있는 그대로의 모습을 잘 설명하고 가감 없이 보여주는 것입니다.

기타 의견

보증기관에서 보증 상담을 완료하여 서류를 안내받았다면, 일단 귀사의 신용상태에 큰 문제가 없다고 사전 판단한 것입니다. 귀사가 있는 그대로의 모습을 잘 설명하면 신뢰감을 높여 줍니다. 보증을 지원하게 된 보증기관은 이제 귀사의 지속 성장을 성원하게 됩니다. 신용보증 거래기업은 추후 신용관리 컨설팅, 경영 컨설팅 등 추가적인 경영지원을 받을 수 있습니다.

04 start up

·· 운전자금 조달(지식서비스업)

상담 내용

귀사는 신용보증 제도를 활용한 운전자금 조달 및 회계처리 방법에 대해 상담하였습니다. 귀사는 창업 초기임에도 왕성한 활동을 전개하고 있는 것으로 보입니다. 특히 컨설팅 서비스업은 일반 제조업이나 유통업과 달리 인적자원을 활용하여 고객에게 지식서비스를 제공하는 사업으로, 부가가치가 높습니다. 그러나 지식용역에 의한 인건비용 및 수익이 발생하는 시점에 다소 차이가 있어 순간적으로 자금경색에 직면할 수 있습니다. 이를 대비하여 운전자금 계획을 사전에 세우는 것은 올바른 경영방식이라 생각합니다. 보증기관은 전문지식을 가진 창업자에 대해 이를 우대하여 보증을 지원하고 있습니다. 따라서 대표이사가 박사학위와 경영지도사 자격을 가지고 있는 경우 더욱 수월하게 보증지원을 받을 수 있습니다.

특히 귀사가 필요로 하는 1억 원 이하의 창업자금은 간편 심사에 의해 보증지원이 이루어집니다. 간편 등급은 총 10등급 이내로 구분되고 있으며, 대표자의 개인 신용등급을 감안하여 보증 규모가 결정되고 있습니다. 최근에는 보증제도의 개편으로 법인기업의 대표이사가 연대 보증하는 것이 폐지되었습니다. 따라서 귀사의 경우 보증부 대출을 추진하는 데 있어 대표이사의 부담감이 크게 줄었다고 볼 수 있습니다. 보증지원은 매출 규모와 자기자본에 따라 신용보증의 한도금액이 정해집니다만, 귀사의 경우는 창업 초기기업으로 매출액 기준의 보증 한도 사정이 완화되어 적용될 것으로 보입니다. 따라서 사업장 인근의 보증기관인 강남지점에서 상담할 것을 추천합니다.

대출금을 일시적으로 인출할 계획이 없다면 마이너스 통장으로 대출한도를 개설하는 것을 권합니다. 대출한도거래 설정만으로 부채가 발생하는 것은 아니며, 대출한도거래 설정 범위 내에서 대출이 실제 발생할 때 단기차입금(만기 1년 이내 유동부채)으로 계상하면 됩니다. 만약 대출한도거래에서 2천만 원을 임원에게 대여하였다면, 차변 주주 임원 대여금 2천만 원, 대변 유동부채 2천만 원을 계상하면 됩니다. 실제 주주 임원에게 대여한 경우 법인 입장에서는 유동자산의 증가이며, 법인과 차주 간에는 차용증서를 반드시 작성하는 것이 필요합니다. 차용증서에는 차주가 법인에 지급할 연간 이자액을 설정해 놓아야 합니다. 그렇지 않을 경우 법인의 자산을 무상으로 사용하는 것이 됩니다. 필요에 따라서는 해당 부동산에 법인 명의의 근저당권을 설정할 필요가 있습니다만, 임직원의 복리후생 차원의 대여금이라면 이사회에서 대여금 한도와 이자 감면 등 적절한 원칙을 정해 사규에 반영해서 처리하는 것이 바람직합니다.

기타 의견

따라서 신용보증기관을 통해 1억 원 이하의 보증서를 발급받아, 거래 금융기관에서 대출한도(마이너스통장)를 개설하는 것을 권해드리며, 실제 대출이 발생할 경우에 부채로 계상해야 한다는 것을 유념하기 바랍니다. 주주 임원 대여금에 대한 이자 수입은 잡수익으로 처리하면 될 것 같습니다. 재무회계처리 등과 관련하여 재무 컨설팅을 일정 기간마다 의뢰하는 것도 권합니다. 보증거래가 있는 경우 7년 이내 창업 기업은 경영 컨설팅을 받을 수 있습니다.

05 시설자금 조달(수출업)

상담 내용

귀사는 정책자금 조달 및 경영 컨설팅에 대해 상담하였습니다. 정책자금이란 정책적 목적으로 가지고 기업에 유리한 조건(이자율 등)을 부여하여 자금을 지원하는 것을 말합니다. 금년도 정책의 특성은 사회적기업과 고용창출기업을 육성하는 것입니다. 따라서 정부 정책에 귀사가 부합하고 있는지를 먼저 파악하여야 합니다. 정책자금을 지원하는 중소기업진흥공단(이하 중진공)은 저금리 자금 지원을, 중소기업종합지원센터는 대출이자를 보전하는 역할을 합니다.

보증기관은 직접 대출업무를 하지 아니하고, 보증서라는 담보 제공을 통해 금융기관 및 중진공으로부터 대출을 받을 수 있도록 합니다. 신용보증은 대출보증, 제2금융보증, 사채보증, 납세보증, 어음보증, 이행보증 등이 있습니다. 신용보증은 기업의 매출액 6분의 1에서 4분의 1 이내에서 운영되는데 자기자본의 3배를 넘을 수가 없습니다. 신용보증은 제조업 및 지식기반 서비스업이 우대를 받을 수 있으며, 귀사는 제조업으로 우대보증 대상기업에 해당합니다.

기업의 매출액에 따라 운전자금의 경우 일반한도 30억 원까지 가능하나, 최근 매출액이 미미한 스타트업은 1억 원 이내에서 지원받는 것이 일반적입니다. 귀사의 경우 연간 매출액 4억 원 정도이므로, 1억 원 정도의 보증지원을 받을 수 있을 것으로 예상합니다. 또한, 귀사가 속해 있는 산업과 업종이 중요한데, 귀사는 지원 대상 산업군에 속해 있습니다. 운전자금은 매출액을 기준으로 보증 한도가 산정되고, 시설자금은 당해 물건의 규모를 기준으로 보증한도가 산정됩니다. 따라서 공장 또는 자가 사옥을 짓는 경우 당해 물건의 가격에 따라 최대 100억 원까지 보증지원이 가능합니다. 보증금액의 산정은 기존에 취급된 보증금액을 모두 포함하며, 최고보증 한도 100억 원을 초과하여 보증 지원할 수는 없습니다.

신용보증기금(이하 신보)과 보증거래를 하는 창업 7년 이하의 기업은 경영 컨설팅을 받을 수 있습니다. 경영 컨설팅은 10일 안팎으로 실시되며 경영전략, 인사조직, 재무회계, 마케팅전략, 생산관리, 정보화전략 등이 있습니다.

기타 의견

귀사는 현재 사업계획서를 작성하기 위해 경영 컨설팅을 받는 것이 필요합니다. 2018년도 중소벤처기업부(창업진흥원)에서 제시한 표준사업계획서 양식이 있습니다만, 귀사의 경우는 사업계획서 작성의 목적이 창업보육센터 입주에 있으므로 그에 걸맞은 사업계획서를 작성해야겠습니다. 즉, 귀사의 일반현황, 사업의 기술성과 시장성, 재무계획, 그리고 경제 활성화 기여도 및 대표자의 이력서가 사업계획서의 주된 내용이 됩니다.

06

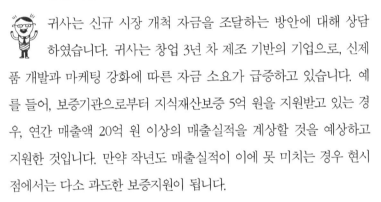

start up

·· 보증 한도(소방설비업)

상담 내용

귀사는 신규 시장 개척 자금을 조달하는 방안에 대해 상담 하였습니다. 귀사는 창업 3년 차 제조 기반의 기업으로, 신제품 개발과 마케팅 강화에 따른 자금 소요가 급증하고 있습니다. 예를 들어, 보증기관으로부터 지식재산보증 5억 원을 지원받고 있는 경우, 연간 매출액 20억 원 이상의 매출실적을 계상할 것을 예상하고 지원한 것입니다. 만약 작년도 매출실적이 이에 못 미치는 경우 현시점에서는 다소 과도한 보증지원이 됩니다.

법인 설립 후 3년 내외의 기업은 신용등급이 높지 않습니다. 특히 간이 신용등급을 내는 경우는 총 10등급 이내에서 귀사의 등급을 산정하기 때문에 불리할 수 있습니다. 이 경우 보통 이하의 신용등급이 나오면 금년도 결산을 완료한 다음, 내년도에 신용등급을 재산정하는 것이 바람직합니다. 즉, 내년도 3월경 법인 결산을 완료하고 총 3개년도의 재무제표를 가지고 평가를 받을 경우 신용등급이 향상될 수 있습니다. 이때에도 연간 매출액이 60억 원 이상이 되어야

최충우돌
스타트업 창업 멘토링

15억 원 내외의 신용보증 한도가 나오게 됩니다.

귀사의 제품은 공장 등 건물의 내부 환경을 감지하여 축적한 정보를 취합하여 이를 주 장치에 전송하고, 특이한 징후에 따라 조치를 취하는 것입니다. 현재 주로 매출실적이 발생하고 있는 장치는 감지 센서를 통해 이산화탄소, 암모니아, 온도, 습도 등을 측정하고 이들 정보를 무선으로 주 장치에 전송하는 것입니다. 이를 통해 이상 징후로 판단될 경우, 사업주 등에게 자동으로 통보해주는 체계입니다. 귀사의 제품은 무선으로 설치하기 때문에 설치가 간편하고 주 장치에 취합된 정보가 스마트폰의 애플리케이션으로 전달되어 빠른 조치가 가능합니다.

기타 의견

귀사는 RF(Radio Frequency)를 기반으로 한 IoT 기술 등 제4차 산업과 관련된 분야의 기술을 가지고 있습니다. 제4차 산업 혁명의 시대의 변화 사항은 창업 기업에게 많은 기회를 줄 것으로 보입니다. 제4차 산업 분야의 기술 창업은 금전적으로 많은 부담을 주게 되니, 정부 정책자금의 조달과 더불어 투자자금을 유치하는 등 다양한 전략이 요구됩니다.

07 start up

보증제도(외국인 창업)

상담 내용

귀사는 정부의 중소기업 지원정책 등에 대해 상담하였습니다. 더불어 귀사의 비즈니스 모델을 소개하고 함께 상의하는 시간을 가졌습니다. 보증기관의 보증지원은 국내 개인 기업 및 법인 기업을 대상으로 합니다. 과거 신용보증 심사과정에서 대표이사가 외국인인 경우 다소 불리한 심사를 받은 것은 사실입니다만, 현재 외국인이 설립한 법인기업은 외국인 개인 기업과 달리 보증지원 대상 기업에 해당합니다.

보증기관이 보증하는 금액의 한도는 매출액의 4분의 1 내외이고, 자기자본의 3배 이내입니다. 다만 스타트업 기업의 경우에는 이를 다소 완화하여 신용보증을 지원하고 있습니다. 스타트업을 위한 프로그램으로는 Startup NEST 프로그램 등이 있으며, 퍼스트 펭귄(First penguin)에 해당하는 스타트업 보증지원 프로그램 등이 있습니다. 퍼스트 펭귄에 대한 보증지원은 미래 신용보증 가능 금액을 사전에 제공하는 특징이 있습니다. 귀사가 원하는 보증기관 영업점을 방문하여 상담하시면 보다 상세한 정보를 얻을 수 있습니다.

Dear Friends,

We had good chances to understand each other through this mentoring time. I'm wondering whether it was helpful for you or not. Fortunately, I think you have many good friends and supporters in Korea. All of them are very excellent in their business zones. Especially, they are giving you the useful opportunities communicating each other and discussing your business issues.

Sometimes, Korean business could be unreasonable because there are cultural differences between Korea and overseas. Even though that, you have to keep your confidence on your own business which is making the real estates business localized and big-data based. Right now, I think your company should receive the real estates authority provided by the related government. Maybe, the potential business partners would really expect that kind of authority, which your friends have already with their related licenses.

Thank you for your visiting. Have a good business in Korea.
Sincerely yours,

Cheol-woo Lee, Ph. D.

기타 의견

현재 한국은 외국인 스타트업에 대해 많은 관심을 가지고 있습니다. 이는 외국인 스타트업들이 한국의 글로벌을 지향하는 정책의 방향과 일치한다고 보기 때문입니다. 한국에서 외국인 스타트업이 성공하면, 이를 바탕으로 글로벌 시장으로 진출할 기회가 됩니다. 더불어 여타 한국의 스타트업 기업들이 세계시장에 적합한 기업들로 성장할 수 있도록 동기를 부여하는 측면도 있습니다. 이는 한국이 가지고 있는 전통적인 기업 문화를 보다 바람직한 방향으로 변화시키는 기회가 될 것으로 기대합니다.

08
start up

·· 자금 조달(제조업)

상담 내용

귀사는 창업 내용을 설명하고 신용보증 이용에 대해 상담하였습니다. 귀사의 창업 아이템은 외형상 상품성이 떨어지는 농산물을 가공하여, 반려동물의 습식 간식을 생산 및 판매하는 것입니다. 이 사업은 농산물 생산자에게 이로울 뿐만 아니라, 반려동물에게 동식물성 건강식품을 제공하여 소유자의 호평을 받을 것으로 보입니다.

신용보증을 제공하는 공공기관은 신용보증기금(이하 신보), 기술보증기금(이하 기보), 신용보증재단이 있습니다. 서울특별시에는 서울신용보증재단(이하 보증재단)이 있습니다. 통상 특허 등 기술력을 입증할 수 있는 경우에는 기보를 우선 거래할 수 있습니다. 이때 기보로부터 8천 5백만 원 기술평가보증을 받게 되면 벤처기업 인증을 받을 수 있습니다. 보증재단의 보증 재원은 서울특별시로부터 조성되는 것으로, 소액 범위 내의 보증지원이지만 다소 우호적인 상담을 받을 것으로 기대합니다.

신용보증은 매출액의 4분의 1, 그리고 자기자본의 3배 이내에서 취급하게 됩니다만, 스타트업의 경우 1억 원 이내에서 보증 한도 사정을 완화합니다. 따라서 귀사는 우선 보증재단에서 보증 상담을 진행하는 것이 바람직합니다. 특히 정책자금 중의 하나인 소상공인 청년고용 특별자금을 우선 지원받는 것을 추천합니다. 이 자금은 만 39세 이하의 청년 소상공인을 대상으로 하는 것으로, 업체당 최고 1억 원 이내에서 취급합니다. 대출 기간은 2년 거치 3년 상환으로 총 상환 기간이 5년이라 부담감이 적을 수 있습니다.

보증재단의 신용보증서를 발급받아 보증부 대출을 받는 것은 그야말로 부채입니다. 즉, 대출 기간 만료 시점에서 상환되어야 하는 것이므로 중장기적으로 대출금을 상환하는 계획을 수립해야 합니다. 또한 금융기관 대출을 받은 후에는 원리금 상환에 신경을 써야 합니다. 원금의 경우 1개월, 이자의 경우 3개월의 연체가 있으면 불량거래처로 등록되어 이자율에서 불리한 처분을 받게 됩니다. 재무회계 및 세무회계는 추가적인 상담을 통해 진행하겠습니다.

기타 의견

최근 중소벤처기업부(이하 중기부)에서는 추가 경정예산을 통해 청년과 중장년이 협업하는 세대융합형 창업팀 40팀을 추가 모집하고 있습니다. 청년 1인 이상과 중장년 1인 이상이 팀을 구성한 창업 3년

스타트업 창업 멘토링

이내의 기업이 이에 해당합니다. K-스타트업 홈페이지(www.k-startup.go.kr)를 통해 온라인 신청이 가능한데, 이 경우 교육 및 멘토링, 네트워킹을 지원받게 되고 최대 3천만 원의 후속 창업자금을 지원받게 됩니다. 이와 같은 제도를 당장 이용할 수 없어도, 다양한 정부 지원제도에 대해 지속적인 관심이 필요합니다.

09 start up ·· 사업장 신축(출판업)

상담 내용

귀사는 지인과 함께 방문하여 사업장 신축 자금에 대해 상담 하였습니다. 중소기업의 사업장 신축의 일반적 사례를 정리 하면 다음과 같습니다. 먼저 대지를 구매하고 이를 담보로 금융기관 의 대출을 받으며, 추가 건축자금을 확보하기 위해서 보증기관에 보 증지원을 신청합니다. 즉, 건축물이 완공되기 전에 금융기관은 해당 건축물을 담보화할 수 없기 때문에, 대출 담보를 확보하기 위해 보증 기관의 보증서를 요구하게 됩니다.

그러나 귀사는 자금력이 있어 사업장 신축과 관련하여 대지 소유 자와 매매계약을 체결하고 계약금을 지불하였으며, 현재 중도금 조 로 지급하는 자금으로 사업장(공장 겸 사무실)을 신축하고 있습니다. 그리고 최종 준공검사가 완료되면 잔금을 지급하는 계약 체계로 보 입니다. 이러한 계약 형태는 다소 특이한 것으로, 신축 및 완공 후 소유권 이전 등과 관련하여 대지 소유자와 귀사와의 이해득실에서 서로 차이가 날 수 있습니다. 어쨌든 상담의 주요 내용은 잔금 지급과 관련하여 추가 자금이 필요하다는 것으로, 이를 위해 상담을 진행하였습니다.

금융기관의 자금은 크게 시설자금과 운전자금으로 나눌 수 있습니다. 돈에 꼬리표가 있는 것은 아니지만, 시설자금과 운전자금은 취급상 큰 차이가 있습니다. 시설자금은 해당 부동산(또는 기계장치)이 존재하여 대출을 취급하면서 해당 부동산을 담보 취득합니다. 귀사의 이번 경우는 신축 사업장을 취득하면서 이를 금융기관에 담보로 제공하고 대출을 받는 것입니다. 그러나 금융기관은 부동산의 평가금액의 약 60% 내외만을 담보로 인정합니다. 이는 부동산 가격의 등락에 따른 위험을 사전에 차단하기 위한 것입니다. 따라서 귀사는 신축건물 취득을 위해 지출하는 자금을 보충하기 위해 운전자금을 확보할 필요가 있습니다.

즉, 추가 조달자금은 시설자금이 아니라 운전자금입니다. 담보취득 가액으로 평가받을 수 있는 시설자금은 이미 정해졌기 때문에 운전자금을 확보해야 합니다. 따라서 기존에 운전자금으로 사용하려던 자금을 사업장 확보하는 데에 지출하고, 추가 운전자금 대출을 받아 향후 발생하는 운전자금을 지출해야 합니다. 귀사의 매출 규모로 볼 때 3억 원 정도의 보증부 운전자금을 추진하는 것을 권합니다. 신용보증 취급은 보증기관의 영업점 형편에 따라 금액이 다소 줄

어들 수 있지만, 최초 상담은 귀사가 필요로 하는 금액을 말할 필요
가 있습니다.

기타 의견

귀사가 사업장을 취득하게 되면 재무회계 상으로 장단점이
있습니다. 즉, 사업장 확보에 따른 안정성은 높아지나, 부채가 증가
하여 부채비율 상승에 따른 불이익이 있을 수 있습니다. 따라서 취
득의 주체가 개인(대표자)인지, 법인인지가 중요합니다. 개인 자격으로
취득하면 법인에게 적정가격의 보증금과 월세를 받을 수 있습니다.
이는 부동산 담보 대출에 대한 부담은 개인 기업에 갖고, 사업상의
안정감은 법인 기업이 누리는 것입니다.

10 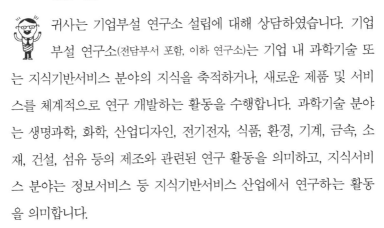··· 기업부설 연구소

상담 내용

귀사는 기업부설 연구소 설립에 대해 상담하였습니다. 기업부설 연구소(전담부서 포함, 이하 연구소)는 기업 내 과학기술 또는 지식기반서비스 분야의 지식을 축적하거나, 새로운 제품 및 서비스를 체계적으로 연구 개발하는 활동을 수행합니다. 과학기술 분야는 생명과학, 화학, 산업디자인, 전기전자, 식품, 환경, 기계, 금속, 소재, 건설, 섬유 등의 제조와 관련된 연구 활동을 의미하고, 지식서비스 분야는 정보서비스 등 지식기반서비스 산업에서 연구하는 활동을 의미합니다.

기업 내 연구소가 있는 경우 조세, 관세, 병역특례, R&D 참여 등에 혜택이 있습니다. 연구소 설립을 위해 필요한 사항을 물적 요건과 인적 요건으로 나누어 설명하겠습니다. 먼저 물적 요건입니다. 기업은 연구소 설립을 위해 독립 공간을 가지고 있어야 합니다. 동일 사무실 내에 독립 공간이 파티션으로 구분되어 있어도 가능하나, 다른 부서와 확연히 구분되어야 하기 때문에 벽면을 이용하여 공간을 확보하는 것이 바람직합니다. 연구 공간에 연구 기자재가 비치되어 있어야 인정을 받을 수 있으며, 연구 장비를 구입할 때 6%의 세제 혜택을 받을 수 있습니다.

다음은 인적 요건입니다. 창업 기업의 경우 인적 요건을 충족하지 못해 연구소를 설립하지 못하는 경우가 많습니다. ① 이공계 석·박사 또는 기술사의 경우 연구 개발 경력이 없어도 연구원으로 등록이 가능하고, 전문 인력으로 분류되어 정부 고용지원금을 추가로 받을 수 있습니다. 즉, 전문인력 채용·장려금 제도와 연계하여 인건비 부담을 줄일 수 있습니다. ② 이공계 학사 또는 기사의 경우 연구 개발 경력이 없는 신입의 경우에도 연구원 등록이 가능합니다. 그러나 등록 요건이 강화될 수 있으니 가급적 1년 이상의 연구 개발 경력을 보유할 것을 권합니다. ③ 이공계 전문학사 또는 산업기사의 경우 2년 이상의 연구 개발 경력이 있어야 연구원으로 등록이 가능합니다. 마이스터고 졸업자 또는 기능사 등에 대한 연구원 등록은 추가 확인이 필요합니다.

연구소 설립을 위해서는 연구 전담요원이 소기업의 경우 3명, 중기업의 경우 5명이 필요합니다만, 창업 3년 미만의 벤처기업의 경우 전담요원 2명도 가능합니다. 연구 인원이 부족할 때는 연구 개발 전담부서를 먼저 설치하고 추가 고용이 이루어지는 시점에서 기업부설 연구소로 전환하는 것이 바람직합니다. 기업부설 연구소와 연구 개발 전담부서의 세제 혜택은 동일하나, 정책자금 조달 가산점이 차이가 날 수 있고, R&D 지원사업의 경우 기업부설 연구소만 가능합니다. 따라서 창업 기업으로 업력이 3년 초과하는 시점에서는 기업부설 연구소로 전환하는 것을 권합니다.

기타 의견

기업부설 연구소의 연구원이 연구 개발 업무 외에 추가로 영업 등을 겸직하는 경우 연구소 설립이 취소됩니다. 연구원의 겸직은 엄격히 불허되며, 현장심사에서 발각될 경우 불이익과 함께 기존의 세제 혜택도 환수당하게 됩니다. 연구원은 4개 보험에 가입되어 있어야 하며, 대표이사 및 감사는 겸직할 수 없습니다. 다만 창업 3년 미만일 경우 대표이사가 연구원으로 등록되는 것은 가능합니다. 책임연구원 외 보조연구원을 등록하는 경우 연구 개발 인력세액공제 25%가 가능하나, 이 경우에도 겸직은 불가능합니다. 마지막으로 기업부설 연구소 가능 업종을 세부 분류까지 확인하기 바랍니다. 연구소 설립 절차는 한국산업기술진흥협회의 신고관리시스템(www.rnd.or.kr)에서 진행할 수 있습니다.

　올 한해 S창업 허브에서 창업 상담을 실제로 진행한 사례를 중심으로 좌충우돌 창업 이야기를 기술하였습니다. 상담자의 정보 보호를 위해 일부 내용을 각색하였고, 세부 내용은 일반화하였습니다. 이러한 수정사항 이외에는 현장감을 유지하기 위해 최대한 당초 내용을 담으려고 노력하였습니다. 기술한 내용이 상담자의 의도와 다소 다르더라도 다른 예비 창업자에게 도움을 주고자 했던 취지를 이해해 주시길 부탁드립니다. 제4차 산업 시대를 맞이하여 경영환경이 계속 변화되고 있습니다. 국가 차원에서도 산업의 혁신은 불가피합니다. 신규 창업을 통해 변화를 유도하고 새로운 지평을 열고자 하는 것은 당연한 것입니다.

　기업을 스타트업하는 창업자들에게 모든 상황은 녹록지 않습니다. 창업자들이 관리해야 하는 관리 포인트가 많을 뿐만 아니라, 창업 초기에 수익을 발생시키는 것은 매우 어렵습니다. 첫 창업에서 20%, 두 번째 창업에서 50%, 세 번째 창업에서 80%의 성공률을 보인다고 합니다. 그러나 현실에서는 이 수치조차 믿기 어려울 따름입니다. 창업자들에게는 격려의 말 한마디가 중요하며, 함께 동반자가 되어줄 사람이 필요합니다. 창업자들이 필요한 것은 용기와 열정을 함께 나눌 파트너들입니다. 그렇기 때문에 중소기업을 지원하는 공공기관은 더욱 겸손하고, 가치평가의 잣대를 올바르고 정당하게 세워나갈 필요가 있습니다.

요즘 창업의 트렌드를 보면 제4차 산업 기술요소들이 많이 들어가 있습니다. 창업자들은 신기술을 탐구하고 적용하면서 열정을 보입니다. 이들의 열정을 보듬어 줄 사회적 분위기와 실질적 지원이 필요합니다. 이를 통해 많은 창업 성공기업이 양산되기를 기원합니다. 창업 멘토링 상담을 완료하고 이를 뒤돌아보니 부족한 점이 많습니다. 상담할 때마다 느끼는 것이지만, 창업자들에게 딱히 정답은 없고 해답을 같이 찾아가는 느낌입니다. 이 책을 통해 대한민국 창업자들이 어려움을 극복하고, 미력하나마 힘이 되었으면 합니다. 선뜻 가기 힘든 길을 선택한, 그리고 기업가정신이 투철한 스타트업 창업자들에게 경의를 표합니다. 이들이 바로 미래의 산업을 이끌어갈 주역들이라고 생각합니다.

2018년 가을에

이철우